Inhalt

Altes Testament

Autorin: Ulrike Kern

LS 01 Von der mündlichen zur schriftlichen Überlieferung 5

LS 02 Die Bibel ist eine Bibliothek 10

LS 03 In der Bibel nachschlagen 15

LS 04 Glaubenszeugnisse in der Bibel finden 19

LS 05 Gotteserfahrungen der Menschen in der Bibel 23

LS 06 Wie Menschen beten 27

LS 07 Erzählungen von Propheten 31

LS 08 Vom Einsatz für Gerechtigkeit: das Buch Amos 35

LS 09 Trost in biblischen Texten finden 38

LS 10 Qumran – ein Hirte entdeckt alte Schriftrollen 41

Neues Testament

Autorin: Ulrike Kern

LS 01 Evangelisten schreiben die Botschaft Jesu auf 44

LS 02 Verschiedene Bibeln entdecken 48

LS 03 Begegnung mit Jesus 52

LS 04 Bildhafte Sprache im Neuen Testament 56

LS 05 Die Auferstehung Jesu 59

LS 06 Der Auftrag Jesu 63

LS 07 Das Leben der Urgemeinde 66

LS 08 Die Briefe des Paulus 70

LS 09 Lebensbezug biblischer Botschaft 75

Die **Autorin:**

Ulrike Kern ist Religionslehrerin i. K. an einem Bildungszentrum mit verschiedenen Schularten in Baden-Württemberg. Sie arbeitet in der Lehrerfortbildung als Fortbildungsbeauftragte und als Klippert-Trainerin und ist Mitautorin einer Schulbuchreihe.

Abkürzungen und Siglen
LS = Lernspirale
LV = Lehrervortrag
EA = Einzelarbeit
PA = Partnerarbeit
TA = Tandem (zu zweit)
GA = Gruppenarbeit
PL = Plenum
HA = Hausarbeit/ Hausaufgabe

L = Lehrerin oder Lehrer
S = Schülerinnen und Schüler

In den Erläuterungen zur Lernspirale wird für Lehrerinnen und Lehrer bzw. Schülerinnen und Schüler ausschließlich die männliche Form verwendet: Dabei ist die weibliche Form stets mitgemeint.

Hinweis zum Ritual am Beginn des Religionsunterrichts

In jeder Lernspirale ist in der Regel ein Zeitfenster von ca. 5 bis 10 Minuten für ein Anfangsritual (z.B. ein Gedanke, ein Lied, spiritueller Impuls) eingeplant.

Lerneinheit 1: Altes Testament

Der Lern- und Arbeitsprozess

A Vorwissen und Voreinstellungen aktivieren

LS 01 Von der mündlichen zur schriftlichen Überlieferung
▶ Beispiele für wichtige Erlebnisse in verschiedenen Gruppen lesen und einander erzählen ▶ Vorteile der mündlichen Erzählung mit schriftlicher Unterstützung herausfinden ▶ Überschriften finden und formulieren ▶ Infotext lesen und nach Vorgabe bearbeiten ▶ einen Zeitstrahl gestalten ▶ einen Dialog oder ein Gespräch zur Vorstellung des Zeitstrahles schreiben ▶ präsentieren und Rückmeldung erhalten

LS 02 Die Bibel ist eine Bibliothek
▶ Beispiele für verschiedene Bucharten wahrnehmen ▶ weitere Bucharten finden ▶ den Begriff „Bibliothek/Bücherei" erklären ▶ Überschriften finden und formulieren ▶ Inhaltsverzeichnis einer Bibel finden ▶ Inhalt einer Bibel kennenlernen ▶ Inhalte der Bibel mit bildlicher Darstellung vergleichen und Lücken ergänzen ▶ Ergebnis mit Lösungsblatt vergleichen und ggf. korrigieren ▶ Rückmeldung zur GA geben

LS 03 In der Bibel nachschlagen
▶ einen Informationstext lesen und nach Vorgabe markieren ▶ Schritte zum Nachschlagen in der Bibel aufschreiben ▶ Ergebnis im Plenum präsentieren ▶ Nachschlagen vorgegebener Bibelstellen üben ▶ Spiel zum Raten themenbezogener Fachbegriffe spielen ▶ Rückmeldung geben und erhalten

B Neue Kenntnisse und Verfahrensweisen erarbeiten

LS 04 Glaubenszeugnisse in der Bibel finden
▶ Möglichkeiten ankreuzen und Beispiele dafür finden ▶ sich austauschen und vergleichen ▶ Bibeltext lesen und bearbeiten ▶ Ergebnisse zusammentragen und ggf. Fragen klären ▶ ein gemeinsames Glaubensbekenntnis schreiben ▶ Ergebnisse präsentieren ▶ Rückmeldung geben und erhalten

LS 05 Gotteserfahrungen der Menschen in der Bibel
▶ Bibeltexte lesen und bearbeiten ▶ sich austauschen, vergleichen und Beispiele nennen ▶ Erkenntnisse zusammentragen und passende Überschriften finden ▶ eigenständig Bibeltexte nachschlagen und bearbeiten ▶ Aussage lesen und eigene Haltungen entwickeln ▶ Ergebnisse präsentieren ▶ Rückmeldung geben und erhalten.

LS 06 Wie Menschen beten
▶ Bibeltext lesen und bearbeiten ▶ sich austauschen und ggf. ergänzen ▶ unterstrichene Teile aus einem Psalm in unterschiedlicher Lautstärke vorlesen und danach Gefühle und Eindrücke benennen ▶ den gesamten Psalm einem Lernpartner vortragen und Einsatzmöglichkeiten überlegen ▶ Infotext zum Buch der Psalmen lesen und Frage dazu bearbeiten ▶ in der Bibel Psalmen nachschlagen, Aufgabe dazu bearbeiten ▶ eigenes Gottesbild überprüfen ▶ in der Gruppe eigenen Psalm schreiben und eine passende Gelegenheit zum Vortragen überlegen ▶ Ergebnisse präsentieren ▶ Rückmeldung geben und erhalten

LS 07 Erzählungen von Propheten
▶ Infotext lesen und bearbeiten ▶ Prophetenbücher aus der Bibel abschreiben ▶ sich austauschen und ggf. ergänzen ▶ Bibelstellen gezielt suchen und Inhalt in Tabelle eintragen ▶ Ergebnisse zusammentragen ▶ Aussagen eines Propheten analysieren ▶ Argumente sammeln ▶ Expertenkonferenz vorbereiten ▶ Konferenz als Ergebnis präsentieren ▶ Rückmeldung geben und erhalten

LS 08 Vom Einsatz für Gerechtigkeit: das Buch Amos
▶ Bibelstelle nachschlagen, Frage dazu beantworten ▶ Aussagen aus dem Buch Amos lesen und Aufgaben dazu bearbeiten ▶ sich austauschen, Fragen klären, ergänzen ▶ Infos lesen und Aufgaben dazu bearbeiten ▶ Ergebnisse zusammentragen, Überschriften für das Arbeitsblatt vorschlagen ▶ Aussagen eines Propheten lesen ▶ Elemente einer Rede ermitteln ▶ eine Rede schreiben ▶ Rede präsentieren ▶ Rückmeldung geben und erhalten

LS 09 Trost in biblischen Texten finden
▶ einen Infotext lesen und Aufgaben dazu bearbeiten ▶ sich austauschen und ergänzen ▶ Bibelstellen gezielt nachschlagen und Botschaft zusammenfassen ▶ Ergebnisse zusammentragen, vergleichen und ggf. ergänzen ▶ Aussagen des Propheten lesen, eine Überschrift zum Thema finden und auf dem Arbeitsblatt eintragen ▶ ein Rondellgedicht nach vorgegebener Struktur schreiben ▶ einzelne Gedichte als Ergebnis präsentieren ▶ Rückmeldung geben und erhalten

C Komplexe Anwendungs- und Transferaufgaben

LS 10 Qumran – ein Hirte entdeckt alte Schriftrollen
▶ eine Szene lesen und Aufgaben dazu bearbeiten ▶ sich austauschen und ggf. ergänzen ▶ eine Nachrichtenmeldung schreiben und präsentieren ▶ Rückmeldung geben und erhalten ▶ einen Infotext lesen ▶ wichtige Textstellen markieren ▶ eigene Gedanken und Ansichten dazu formulieren ▶ Ergebnisse vortragen

Lerneinheit 2: Neues Testament

Der Lern- und Arbeitsprozess

A Vorwissen und Voreinstellungen aktivieren

LS 01 Evangelisten schreiben die Botschaft Jesu auf
▶ einen Text lesen und nach Vorgabe bearbeiten ▶ Fragen zum Text klären ▶ Entstehungsschritte im Text markieren und in richtiger Reihenfolge notieren▶ Skizze zur „Zwei-Quellen-Theorie" ausfüllen ▶ Skizze auf Folie übertragen ▶ Ergebnis auf Folie präsentieren ▶ Entstehungsschritte der Evangelien nachvollziehen ▶ Ergebnisse präsentieren und Rückmeldung erhalten ▶ Arbeitsblätter auf Plakate kleben und ausstellen

LS 02 Verschiedene Bibeln entdecken
▶ verschiedene Bibelausgaben betrachten und vergleichen ▶ Vergleiche und Merkmale festhalten ▶ sich austauschen, klären, ergänzen ▶ Texte unterschiedlicher Bibelausgaben vergleichen ▶ Gründe für unterschiedliche Übersetzungen überlegen ▶ Ergebnisse präsentieren ▶ Bibeleinband gestalten ▶ Ergebnisse in einem Gallery-Walk präsentieren und Rückmeldung erhalten

B Neue Kenntnisse und Verfahrensweisen erarbeiten

LS 03 Begegnung mit Jesus
▶ eine Zeichnung betrachten und einen Infotext dazu lesen ▶ Figuren der Zeichnung einfärben ▶ Textstellen farbig markieren ▶ anhand von Sprech-bzw. Denkblasen ein Gespräch darstellen ▶ einen Bibeltext lesen und daraus ein Gespräch zwischen den Hauptpersonen entwickeln ▶ Ergebnisse präsentieren ▶ Bibeltext weiterlesen ▶ sich austauschen, klären, ergänzen ▶ in der Gruppe die Wirkung der Begegnung Jesu überdenken und Vermutungen aufschreiben ▶ Ergebnisse präsentieren ▶ Rückmeldung geben und erhalten

LS 04 Bildhafte Sprache im Neuen Testament
▶ Bilder betrachten und Eigenschaften zu dargestellten Gegenständen notieren ▶ Ergebnisse vergleichen ▶ Ich-Worte lesen und Fragestellungen dazu erschließen ▶ eine Überschrift dazu finden ▶ Ergebnisse im Plenum präsentieren ▶ ein Bildwort auswählen und gestalten ▶ Ergebnisse in einem Museumsrundgang präsentieren ▶ Rückmeldung geben

LS 05 Die Auferstehung Jesu
▶ einen Infotext lesen und Aufgabe bearbeiten ▶ Weitergabe von Erlebnissen begründen ▶ sich austauschen und ggf. ergänzen ▶ Bibeltexte zur Auferstehung Jesu lesen ▶ sich auf die wichtigsten Aussagen einigen ▶ sich in die Lage der Jünger versetzen und einen Zeitungsartikel zur Auferstehung Jesu aus deren Sicht schreiben ▶ Argumente finden, die für die Aufnahme ihres Textes in die heilige Schrift der Christen sprechen würden ▶ Ergebnisse präsentieren ▶ Rückmeldung geben und erhalten

LS 06 Der Auftrag Jesu
▶ eine Sprechszene lesen und Aufgabe nach Vorgabe bearbeiten ▶ Szene im Plenum präsentieren ▶ Bibeltextstellen zum Auftrag Jesu lesen und markieren ▶ sich in einem Schreibgespräch zum Thema aus der Sicht der Jünger äußern ▶ Gedanken aus dem Schreibgespräch ordnen, aufschreiben und auf christliches Leben beziehen ▶ Ergebnisse präsentieren ▶ Rückmeldung geben und erhalten

LS 07 Das Leben der Urgemeinde
▶ Elemente für gelingendes Zusammenleben notieren ▶ Aspekte für No-Go's in einer Klassengemeinschaft sammeln ▶ Ergebnisse zusammentragen und präsentieren ▶ eine Szene lesen und Darstellung einüben ▶ Ergebnisse im Plenum präsentieren ▶ einen Bibeltext aus der Apostelgeschichte lesen und bearbeiten ▶ Quizfragen zum Inhalt formulieren ▶ Quiz in der Lerngruppe spielen

LS08 Die Briefe des Paulus
▶ einen Infotext lesen und Aufgaben dazu bearbeiten ▶ Fachwissen durch Infos erweitern ▶ zentrale Bibeltextstelle kennenlernen und vertiefend bearbeiten ▶ Inhalt einer Bibeltextstelle aktualisieren ▶ Ergebnisse zusammentragen und präsentieren ▶ Videobotschaft zum Thema erarbeiten und einüben ▶ Ergebnisse im Plenum präsentieren ▶ Rückmeldung geben und erhalten

C Komplexe Anwendungs- und Transferaufgaben

LS 09 Lebensbezug biblischer Botschaft
▶ eine biblische Aussage lesen und nach Vorgabe bearbeiten ▶ Arbeitsergebnis vorstellen ▶ eine biblische Botschaft individuell auswählen ▶ über Verhältnis zu einzelnen Personen oder Personengruppen nachdenken und Verhalten ihnen gegenüber reflektieren ▶ Ergebnisse vorstellen und sich darüber austauschen ▶ geeignetes Medium auswählen, entsprechende Botschaft schreiben ▶ Ergebnisse im Plenum präsentieren ▶ Rückmeldung geben und erhalten

Hinweis zum Zeitansatz

Eine Lernspirale ist für 90 (vereinzelt für 45) Minuten konzipiert. Stehen dem Lehrer nur Einzelstunden zur Verfügung, muss eine Sollbruchstelle an geeigneter Stelle eingefügt werden, nach der in der folgenden Unterrichtsstunde weitergearbeitet wird.

Je nach Größe und Leistungsstärke der Lerngruppe muss der Zeitansatz, der im Stundenraster für jeden Arbeitsschritt ausgewiesen ist, entsprechend angepasst werden.

Beispiel zum Aufbau der Lernspiralen

LS 01.M2

Verweis auf die Aufgabe in der Kopiervorlage **A3**

Verweis auf die Lernspirale und das Material

		Zeit	Lernaktivitäten	Material	Kompetenzen
1	EA	10'	S füllen einen Steckbrief aus.	M1.A1	– Stichpunkte machen – Fragen in vollständigen Sätzen beantworten – Aussagen über die eigene Person formulieren
2	PL/ PA	5'	S führen beim Spiel *music stop* Kennenlerndialoge und benutzen dabei zunächst Fragekärtchen als Hilfestellung.	M1.A2, M2	
3	PL/ PA	5'	S setzen das Spiel ohne Fragekärtchen fort.		
4	EA	5'	S bereiten einen Kurzvortrag über sich vor.	M1.A3	
5	GA	15'	Simultanpräsentation: S stellen sich in Gruppen vor.		
6	PL	5'	Zwei S stellen sich vor der Klasse vor.		

Arbeitsschritte

Unterschiedliche Sozialformen

Hinweise zum Zeitbedarf

Vielfältige Lernaktivitäten und Methodenanwendungen der Schüler

Verweis auf das Material und die Aufgaben in den Kopiervorlagen

Kompetenzen, die die Schüler erwerben können

Notizen:

LS 01 Von der mündlichen zur schriftlichen Überlieferung

		Zeitrichtwert	Lernaktivitäten	Material	Kompetenzen
1	PL	10'	Ritual zu Beginn des RU. L gibt einen Überblick über den Ablauf der bevorstehenden Stunde und verweist auf M1.	M1	– religiöse Rituale und Ausdrucksformen verwenden – Weg von der mündlichen zur schriftlichen Überlieferung der biblischen Inhalte darstellen – ausgewählte Fachbegriffe verstehen – erworbenes Wissen zu religiösen Themen verständlich erklären – andere Meinungen überprüfen und zulassen – zielgerichtet arbeiten und kooperieren – Elemente des christlichen Glaubens darstellen und in gestalterischen Formen Ausdruck verleihen – angemessen vortragen und präsentieren
2	PA	15'	S spielen Erzählspiel und bearbeiten M1 in unterschiedlichen Gruppen.	M1.A1–5	
3	PL	10'	S tragen Erkenntnisse zusammen, machen Vorschläge für eine Überschrift und notieren diese an der Tafel.	Tafel	
4	EA	15'	S lesen Text (M2) und bearbeiten dazugehörige Aufgaben von M3.	M2, M3.A1–3	
5	GA	20'	S gestalten einen Zeitstrahl und schreiben ein Gespräch zur Erklärung mithilfe der Aufgabenkarte M4.	M2, M4.A1–3, Tonpapier/ Plakat	
6	PL	15'	Präsentation der Gruppenergebnisse als Gruppengespräch. Klärung von Fragen.		
7	PL	5'	S geben und erhalten prozedural und inhaltlich Rückmeldung.		

Erläuterungen zur Lernspirale

Ziel der Doppelstunde ist es, die Schüler zunächst spielerisch für die Vor- und Nachteile der mündlichen und schriftlichen Weitergabe von wichtigen Nachrichten, Erlebnissen und Erfahrungen zu sensibilisieren. Auf dieser Grundlage sollen sie den Weg der Entstehung der biblischen Schriften von der mündlichen zur schriftlichen Überlieferung kennenlernen und diese Informationen anschließend in eine grafische bzw. bildliche Darstellung übertragen. Einzelne Darstellungen werden präsentiert, miteinander verglichen und überprüft.

Zum Ablauf im Einzelnen:
Im **1. Arbeitsschritt** erläutert der Lehrer das Vorgehen für die folgende Stunde.

Er verweist darauf, dass die Schüler im **2. Arbeitsschritt** in einem Partnerspiel wichtige Erlebnisse erzählen und überprüfen, wie genau die Ereignisse weitergegeben wurden. Zwei Beispiele werden innerhalb der Lerngruppe an verschiedene Kleingruppen gegeben.

Im **3. Arbeitsschritt** tauschen sich die Schüler im Plenum aus und vergleichen ihre Erkenntnisse. Sie werden dazu angeregt, Überschriften, die die Erkenntnis aus der vorigen Arbeit zusammenfassend wiedergeben, zu formulieren und zu nennen. Mehrere Überschriften werden als Beispiele an der Tafel notiert.

Im **4. Arbeitsschritt** werden die Schüler dazu angeregt, in Einzelarbeit den Infotext zu lesen und die Aufgaben der dazugehörenden Aufgabenkarte zu bearbeiten.

Im **5. Arbeitsschritt** sollen die Schüler in Zufallsgruppen einen Zeitstrahl ansprechend gestalten, darauf die wichtigen Stationen der Bibelentstehung markieren und mit Bildern illustrieren. Dazu soll ein Gespräch zur Vorstellung des Zeitstrahles geschrieben werden.

Im **6. Arbeitsschritt** präsentieren mehrere Zufallsgruppen ihre Ergebnisse. Sie stellen ihr Plakat in einem Dialog oder Gespräch vor und erhalten im **7. Arbeitsschritt** wertschätzend Rückmeldung.

Die Plakate können im Klassenzimmer ausgestellt und verglichen werden.

Tipp

Es ist sinnvoll, die Schüler eigene Vorschläge für eine Überschrift formulieren zu lassen und an der Tafel mehrere Beispiele festzuhalten, damit das Engagement der Schüler gewürdigt und Differenzierung sichtbar wird.

Griffige Überschriften /Themenbenennungen entstehen, wenn diese mit einem Verb formuliert werden z.B.: „Unterschiedlich erzählen"; „Jeder erzählt anders"; „Wichtige Erlebnisse weitererzählen"... o.ä.

Notizen:

01 Von der mündlichen zur schriftlichen Überlieferung

Von einem Unfall berichten

A1 Lest den Text in Partnerarbeit durch.

Der Verkehrsunfall

Gestern verließ Kai die Schule nach dem Unterricht. Mit seinem Fahrrad begab er sich auf den Heimweg. Zügig trat er in die Pedale, er wollte schnellstmöglich daheim sein, denn am Dienstag hatte er am frühen Abend noch Fußballtraining. Als er die Hauptstraße überquerte, achtete er nicht so genau auf die Autos, die unterwegs waren. Den Zebrastreifen benutzte er so gut wie nie, es gab immer eine Lücke, durch die er die Straße überqueren konnte. Autofahrer mussten schließlich auch aufpassen, außerdem sahen sie ihn ja. Doch gestern hatte Kai ein heranfahrendes Auto übersehen. Mit quietschenden Reifen konnte der Fahrer gerade noch bremsen, sodass Kai nicht verletzt wurde. Nur das Auto hatte einen Kratzer bekommen und das Fahrrad war verbogen. Die Polizeibeamten, die gerufen worden waren, nahmen den Unfall auf und sagten: „Da hast du aber wirklich noch einmal Glück gehabt."

A2 Erzählt euch gegenseitig das Ereignis.
Ein Lernpartner erzählt, was Kai erlebt hat, der andere berichtet den Unfallhergang aus Sicht des Autorfahrers.

A3 Notiert jeweils in Einzelarbeit, was euch berichtet wurde.

Was hast du gehört?

____

____

____

A4 Kontrolliert gegenseitig, ob ihr nichts Wichtiges vergessen habt.
Wiederholt das Erzählen mit vertauscheten Rollen. Gab es Veränderungen im Unfallhergang? Was ist euch aufgefallen?

A5 Weshalb ist es leichter etwas nachzuerzählen, wenn man sich vorher Notizen gemacht hat?

____

____

Von einer Bergwanderung erzählen

A1 Lest den Text in Partnerarbeit durch.

Die Bergwanderung

Ellen und ihre Familie freuen sich an diesem Sonntag auf eine spannende Wanderung zu einem hohen Gipfel. „Ich möchte heute die erste am Gipfelkreuz sein," ruft Ellen und geht zügig voran. Martin, Sandra und die Eltern folgen ihr langsam. Sie sehen Ellen schon ein ganzes Stück weiter oben auf dem Bergpfad. Plötzlich hören alle ein eigentümliches, lautes Geräusch vom Felsen oben am Gipfel. Steine rollen herunter. Allen ist sofort klar, dass dies ein Steinschlag ist, der ihnen gefährlich werden kann, wenn Felsbrocken auf ihren Weg treffen. Papa schreit „Ellen, Vorsicht!" und zieht Martin hinter einem Gebüsch auf den Boden. Auch Mama und Sandra können sich in Sicherheit bringen. Ohrenbetäubender Lärm, der durch den Aufprall der Steinbrocken entsteht, und Schreie von Ellen lassen entsetzliche Angst bei der ganzen Familie entstehen. Und plötzlich ist alles ganz still. Kein Stein fällt mehr. Mama springt auf, die restliche Familie hinterher – alle eilen zu Ellen. Gott sei Dank – sie hat Glück gehabt, nur ein Stein hat sie am Rücken gestreift – keine Verletzung. „ Da hast du aber einen Schutzengel gehabt! Jetzt wollen wir zusammenbleiben und immer wieder horchen und nach oben schauen, ob wir verdächtige Geräusche hören", sagt Papa beim Weiterwandern.

A2 Erzählt euch gegenseitig das Ereignis.
Ein Lernpartner erzählt das Erlebnis aus der Sicht von Ellen: Was erzählt sie am Montag in der Schule? Der andere Partner berichtet aus der Sicht von Martin.

A3 Notiert jeweils in Einzelarbeit, was euch berichtet wurde.

Was hast du gehört?

____

____

____

A4 Kontrolliert gegenseitig, ob ihr nichts Wichtiges vergessen habt.
Wiederholt das Erzählen mit vertauscheten Rollen. Gab es Veränderungen bei diesem Bergerlebnis? Was ist euch aufgefallen?

A5 Weshalb ist es leichter etwas nachzuerzählen, wenn man sich vorher Notizen gemacht hat?

____

____

So ist die Bibel entstanden

Etwa 1 800 Jahre v. Chr. zog der Nomade Abraham nach Kanaan, wo sein Sohn Isaak eine Familie gründete und die Geschichte des Volkes Israel begann. In den Jahrhunderten danach hatten die Israeliten viele Erlebnisse mit Gott. Sie waren sehr wichtig für das ganze Volk, deshalb wurden sie immer weitererzählt. So gaben die Menschen die Ereignisse, die mit Gott in Verbindung gebracht wurden, über Jahrhunderte weiter an die nachfolgenden Generationen.

Ungefähr 1 000 Jahre v. Chr. begann man, die Geschichten, die von Gott erzählten, aufzuschreiben, damit sie nicht vergessen wurden. Auch Lieder, Gebete und Psalmen wurden aufgeschrieben. Man suchte nach einem haltbaren, leichten Schreibmaterial, auf dem man gut schreiben und das man zusammenrollen und transportieren konnte. Von den Ägyptern lernte man, Papyrus aus der Papyrusstaude zu verwenden. Aber auch Tierhäute wurden zu dünnen Lederblättern verarbeitet, die man Pergament nannte.

Wieder ungefähr 500 Jahre später, um 500 v. Chr. ordneten jüdische Gelehrte die verschiedenen Schriftrollen. Sie sammelten die Erlebnisse der Menschen mit Gott und dem Volk Israel und schrieben sie auf, sodass man sie gut verstehen konnte. Dazu verwendeten sie die hebräische Schrift, also Schriftzeichen von rechts nach links. So entstand die jüdische Bibel, die die Christen später als das „Alte Testament" übernommen haben.

Nachdem Jesus in Israel gelebt, das Wort Gottes verkündet und Menschen geheilt hatte, nachdem er gestorben und wieder auferstanden war, erzählten die Jünger alles, was sie mit Jesus erlebt hatten, weiter und schrieben es auf. Ab etwa 70 n. Chr. wurden die Briefe der Apostel, die Taten und die Worte Jesu in den vier Evangelien und in der Apostelgeschichte aufgeschrieben. Wieder einige Zeit später sammelten Gelehrte die Schriften, ordneten sie und stellten sie zum „Neuen Testament" zusammen.

Beide Teile, Altes und Neues Testament, finden wir heute in der Bibel.

LS 01.M3 Aufgabenkarte zur Einzelarbeit

A1 Lies den Infotext „So ist die Bibel entstanden" genau durch.

A2 Markiere wichtige Wörter mit blauem Farbstift.
Markiere unbekannte Wörter und Begriffe mit einem Fragezeichen am Rand.

A3 Erstelle eine Skizze mit der Reihenfolge der Entwicklung von der mündlichen zur schriftlichen Überlieferung.

LS 01.M4 Aufgabenkarte zur Gruppenarbeit

A1 Gestaltet einen Zeitstrahl auf Tonpapier/einem Plakt, der die Entstehung der Bibel von der mündlichen zur schriftlichen Überlieferung zeigt.

A2 Illustriert euren Zeitstrahl mit Zeichnungen und farbigen Markierungen. Gestaltet euer Plakat übersichtlich und ansprechend.

A3 Findet heraus …
– wer die erste Übersetzung der Bibel ins Deutsche gemacht hat.
– wann die erste Bibel gedruckt wurde.
Benutzt dazu Lexika, das Internet und euer Religionsbuch. Markiert auch diese Daten auf eurem Zeitstrahl.

LS 01.M5 Lösung zur Gruppenarbeit

Erste Bibelübersetzung ins Deutsche
Martin Luther übersetzte als Erster die Bibel ins Deutsche. Zuerst übersetzte er das Neue Testament, als er eine Zeit lang auf der Wartburg lebte, später auch das Alte Testament. Seit etwa 1534 gibt es die sogenannte Lutherbibel in Deutsch.

Erste gedruckte Bibel:
Um 1450 stellte der Goldschmied Johannes Gutenberg aus Mainz einzelne Buchstaben aus Metall her, die man zusammensetzte, mit Tinte tränkte und damit Seiten druckte. Das erste Buch, das mit dieser Technik gedruckt wurde, war die Bibel.

LS 02 Die Bibel ist eine Bibliothek

		Zeitrichtwert	Lernaktivitäten	Material	Kompetenzen
1	Pl	10'	Ritual zu Beginn des RU. L gibt einen Überblick über den Ablauf der bevorstehenden Stunde.		– religiöse Rituale und Ausdrucksformen verwenden – unterschiedliche Bucharten wahrnehmen – Aufbau der Bibel kennenlernen und beschreiben – Fachbegriffe anwenden – erworbenes Wissen zu religiösen Themen verständlich erklären – typische Sprachformen der Bibel anwenden – andere Meinungen überprüfen und zulassen – zielgerichtet arbeiten und kooperieren
2	PA	10'	S betrachten Buchstapel und Buchregale auf M1, erkennen Buchkategorien und schreiben weitere Bucharten auf.	M1.A1	
3	PL	10'	Zusammentragen von Bucharten als Beispiele. Überschriften vorschlagen und an der Tafel notieren. S wählen eine Überschrift aus und übertragen sie auf M1.	Tafel, M1	
4	EA	10'	S zeichnen ihr Lieblingsbuch.	M1.A2	
5	PL	10'	Einzelne S präsentieren ihr Lieblingsbuch.	M1	
6	GA	20'	S betrachten die Bibelbibliothek ihrer Konfession und vergleichen die einzelnen Bücher mit dem Inhaltsverzeichnis ihrer Bibel. Fehlende Buchtitel werden eingefügt.	M2, M3, Bibeln	
7	PL	10'	Präsentation als Folienpräsentation am OHP. S können ihr Ergebnis mit dem Lösungsblatt vergleichen und ggf. korrigieren und ergänzen.	M4 (als Folie), OHP	
8	PL	10'	S geben prozedural und inhaltlich Rückmeldung zur GA.		

Tipp
Sollte an der Schule eine Schülerbücherei eingerichtet oder eine Gemeindebücherei gut erreichbar sein, empfiehlt es sich, einen Besuch mit der Lerngruppe zu machen, um eine Bibliothek mit unterschiedlichen Bucharten zu sehen.

Erläuterungen zur Lernspirale

Ziel der Doppelstunde ist es, die Schüler für unterschiedliche Bucharten in ihrem Umfeld zu sensibilisieren und den Begriff „Bücherei/Bibliothek" dazu in Beziehung zu setzen, um sie danach auf die verschiedenen Bucharten der Bibel aufmerksam zu machen. Die Schüler sollen erkennen, dass die Bibel eine Bibliothek mit verschiedenenartigen Büchern ist. Durch die Beschäftigung mit dem Inhaltsverzeichnis einer Bibelausgabe lernen sie alle Bücher einer Bibelausgabe mit ihrem Titel kennen.

Zum Ablauf im Einzelnen:
Im **1. Arbeitsschritt** erläutert der Lehrer das Vorgehen für die folgende Stunde.

Er verweist darauf, dass die Schüler im **2. Arbeitsschritt** die vorgegebenen Bücher genau betrachten und Kategorien herausfinden sollen. Sie bearbeiten M1.A1 und überlegen sich mit einem Lernpartner weitere Buchkategorien.

Im **3. Arbeitsschritt** tauschen sich die Schüler im Plenum aus und vergleichen ihre Erkenntnisse. Sie werden dazu angeregt, Überschriften zu formulieren und zu nennen. Mehrere Überschriften werden als Beispiele an der Tafel notiert. Eine Überschrift wird individuell ausgewählt und auf das Arbeitsblatt übernommen.

Im **4. Arbeitsschritt** werden die Schüler dazu angeregt, ihr eigenes Lieblingsbuch oder ihre Lieblingsbücher mit Nennung des Titels und des Autors zu zeichnen und zu gestalten.

Im **5. Arbeitsschritt** präsentieren einzelne Schüler ihr Lieblingsbuch in Kurzform.

Im **6. Arbeitsschritt** erhalten die Schüler in Zufallsgruppen ein Arbeitsblatt mit einer Bibelbibliothek und jeder eine Bibel mit Inhaltsverzeichnis. Sie vergleichen die Inhalte des Inhaltsverzeichnisses mit ihrem Arbeitsblatt und finden die fehlenden Titel der Bücher, die nur im Umriss dargestellt sind, heraus und füllen diese Titel ein.

Im **7. Arbeitsschritt** wird auf dem OHP ein Lösungsblatt zum Vergleich und zur Korrektur aufgelegt.

Danach geben die Schüler im **8. Arbeitsschritt** Rückmeldung zur Gruppenarbeit.

____

A1 Betrachtet die Büchersammlung. Nennt weitere Bucharten.

____

____

Info

Biblos heiβt übersetzt „das Buch".
Deshalb nennt man eine Sammlung von Büchern eine Bibliothek.

A2 Male dein Lieblingsbuch/deine Lieblingsbücher in den Rahmen und schreibe den Titel und den Autor dazu.

Mein Lieblingsbuch

Die Bibel ist eine Bibliothek (Einheitsübersetzung)

Info

Die Bibel ist eine Sammlung von vielen Büchern. Sie ist wie eine Bibliothek, die aus zwei großen Abteilungen besteht, dem Alten Testament (AT) und dem Neuen Testament (NT). In der Einheitsübersetzung hat das AT 46, das NT 27 Bücher. Insgesamt umfasst die Bibel 73 Bücher.

Schlage das Inhaltsverzeichnis einer Bibel auf. Vergleiche die einzelnen Buchtitel. Fülle die fehlenden Buchtitel aus.

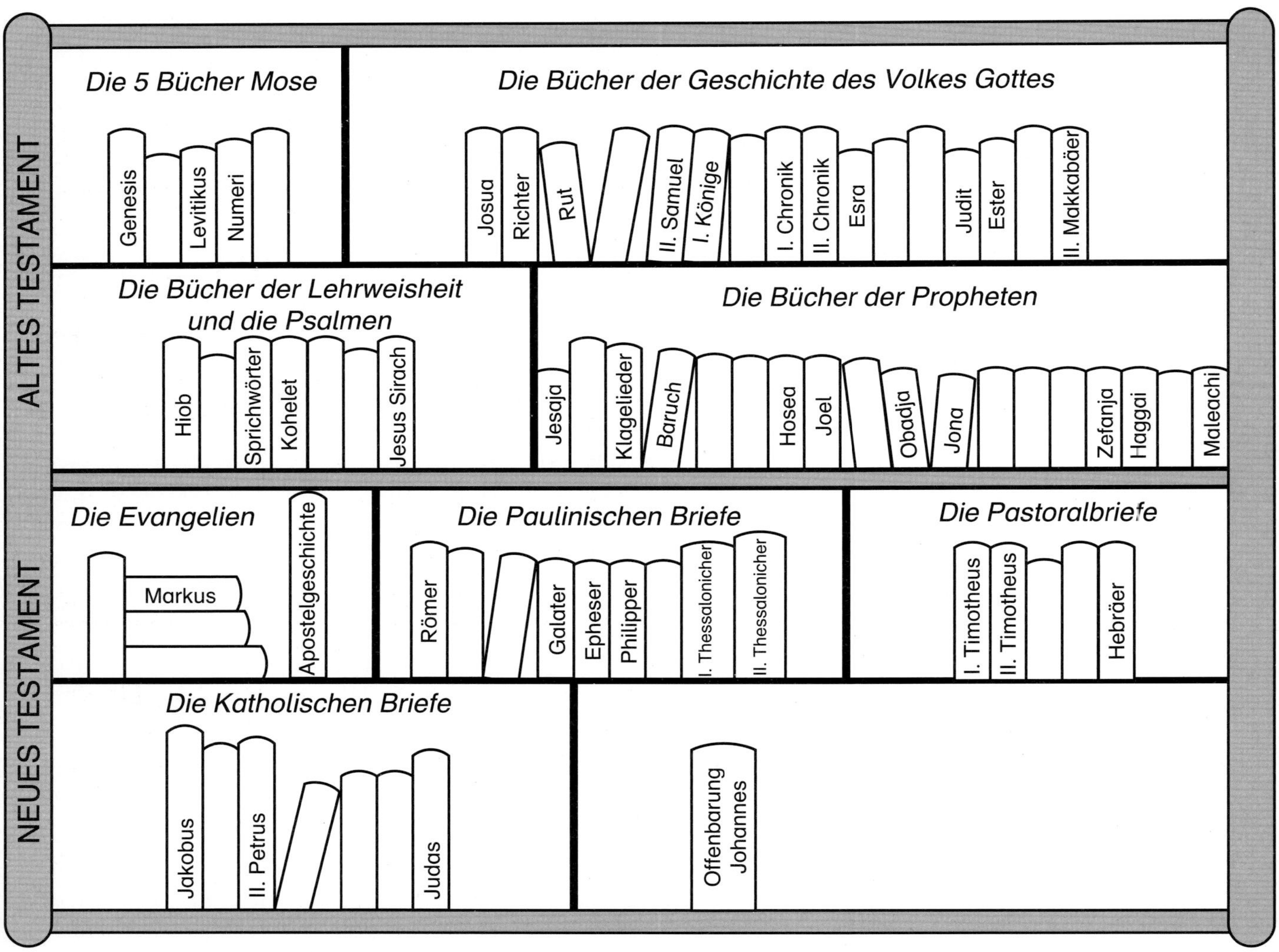

Die Bibel ist eine Bibliothek (Lutherbibel)

Info

Die Bibel ist eine Sammlung von vielen Büchern. Sie ist wie eine Bibliothek, die aus zwei großen Abteilungen besteht, dem Alten Testament (AT) und dem Neuen Testament (NT). In der Luhterbibel hat das AT 39, das NT 27 Bücher. Insgesamt umfasst die Bibel 66 Bücher.

Schlage das Inhaltsverzeichnis einer Bibel auf. Vergleiche die einzelnen Buchtitel. Fülle die fehlenden Buchtitel aus.

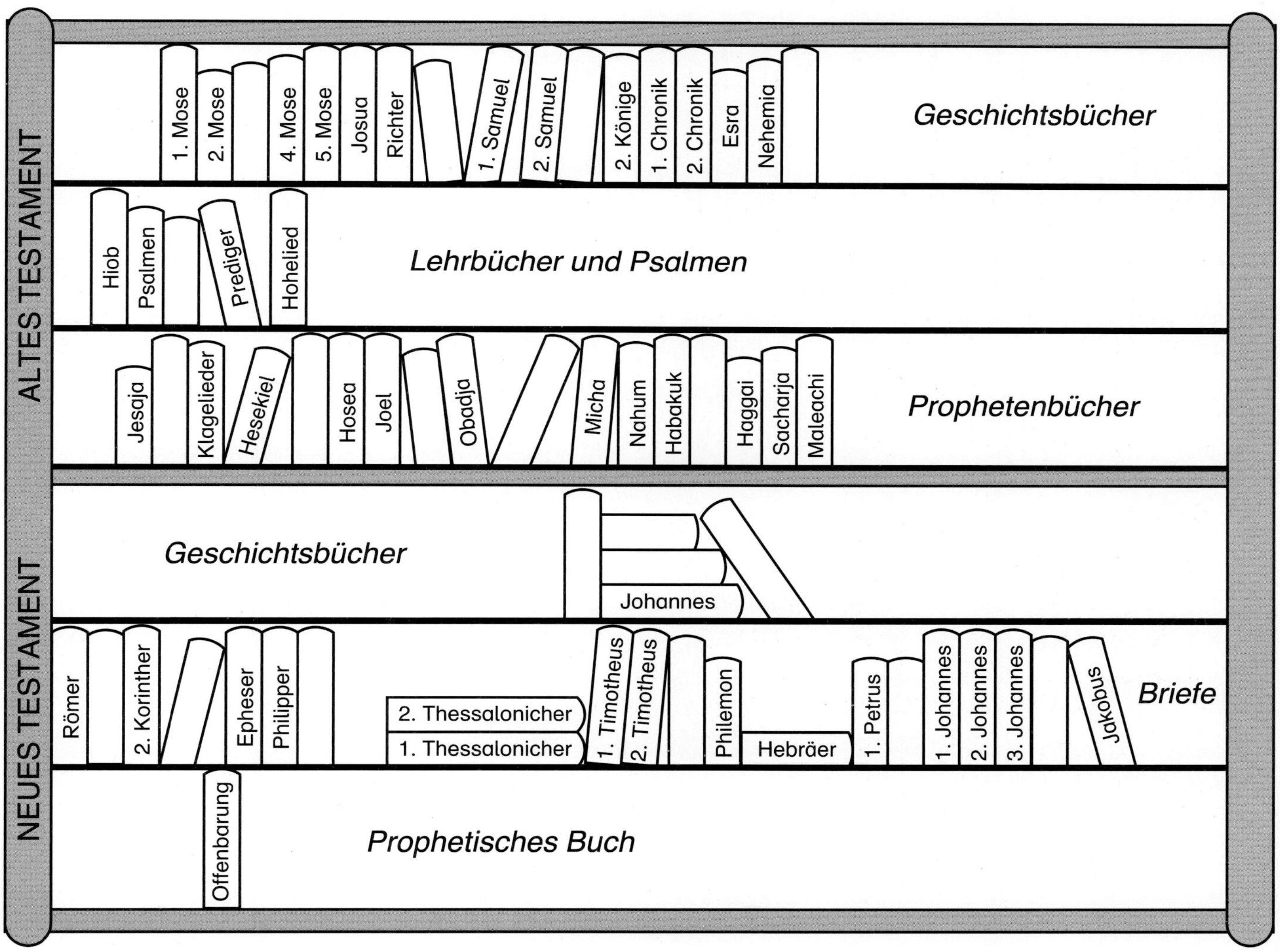

Die Bibel ist eine Bibliothek (Lösung)

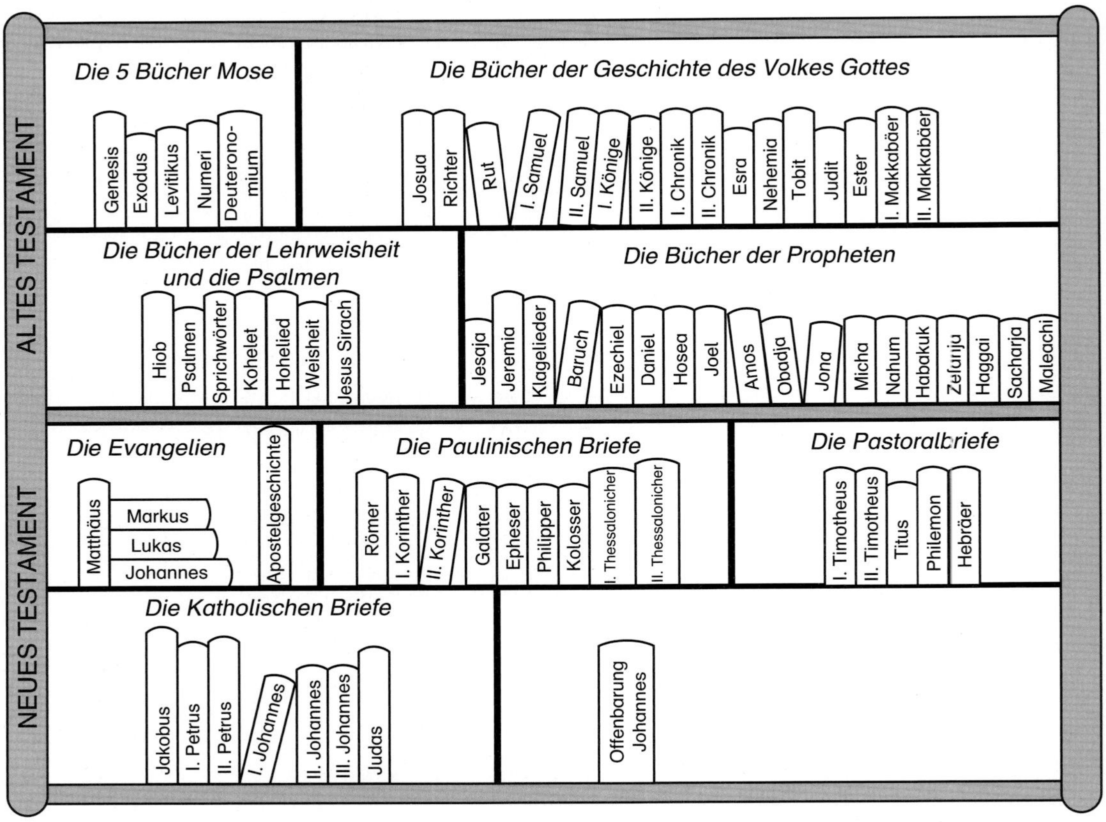

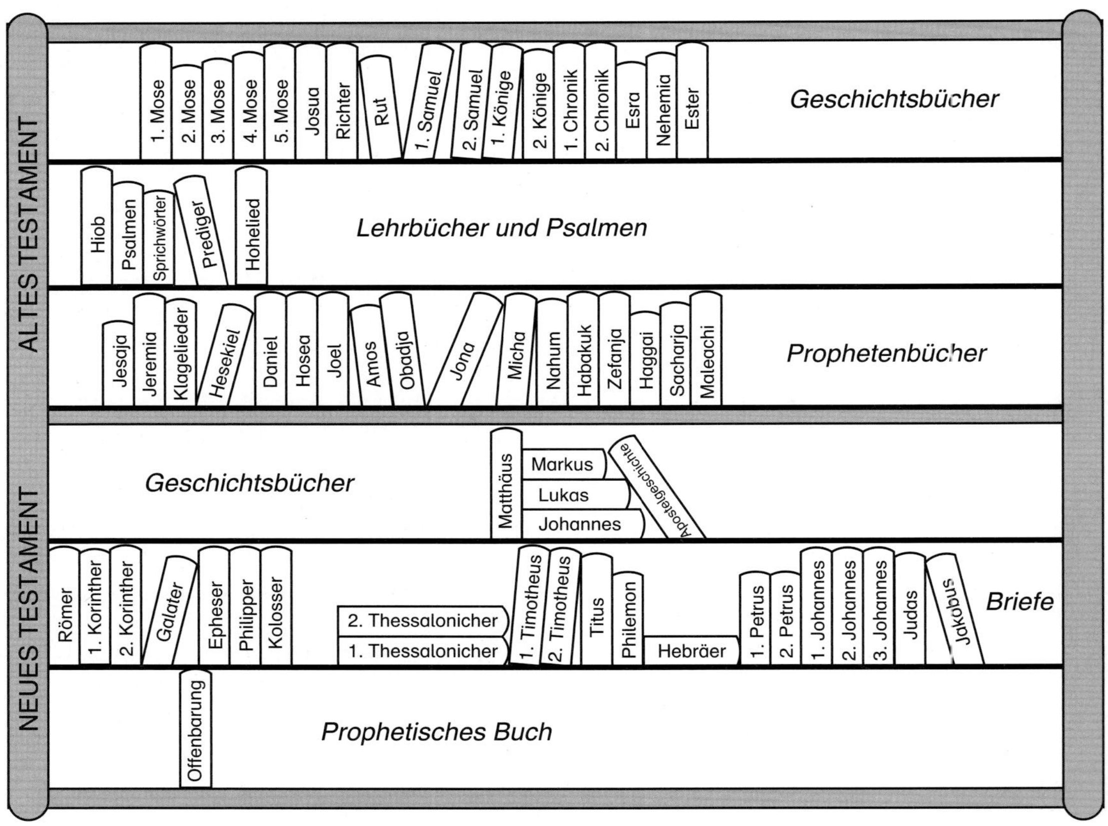

LS 03 In der Bibel nachschlagen

		Zeitrichtwert	Lernaktivitäten	Material	Kompetenzen
1	PL	10'	Ritual zu Beginn des RU. L gibt einen Überblick über den Ablauf der bevorstehenden Stunde.		– religiöse Rituale und Ausdrucksformen verwenden – Fachbegriffe anwenden – ausgewählte Fachbegriffe verstehen – vorgegebene Bibelstellen gezielt finden – erworbenes Fachwissen zu religiösen Themen verständlich erklären – Ratebegriffe überlegen – zielgerichtet arbeiten und kooperieren
2	PA	10'	S lesen Infotext und markieren nach Vorgabe.	M1.A1	
3	PA	10'	S schreiben die Schritte des Nachschlagens in der Bibel in richtiger Reihenfolge auf.	M1.A2	
4	PL	10'	S präsentieren Ergebnisse. Möglichkeit zur Korrektur und zum Fragenstellen.		
5	PA	20'	S schlagen Bibelstellen nach und finden Tiere heraus.	M2, Bibeln, M3	
6	GA	15'	S suchen Begriffe (Tiere, Orte, Namen) in der Bibel und schreiben sich die jeweiligen Bibelstellen mit der Lösung auf.	Bibeln, Heft/ Notizzettel	
7	PL	10'	S spielen „Begriffe-Nachschlagen" abwechselnd in zwei Gruppen.	Tafel	
8	PL	5'	Rückmeldung geben und erhalten		

Erläuterungen zur Lernspirale

Ziel der Doppelstunde ist es, die Schüler für die Inhalte der Bibel zu sensibilisieren und die Technik des Nachschlagens einzelner Bibelstellen einzuführen und zu üben. Um die Spannung bei jüngeren Schülern zu erhalten, sollen diese Begriffe in vorgegebenen Bibelstellen finden und notieren. Zur Kontrolle können die Schüler ihr Ergebnis mit einem Lösungsblatt vergleichen. Um das Naschschlagen in der Bibel zu üben, suchen sich die Schüler Tiere, Orte und Namen heraus, notieren sich die jeweilige Bibelstelle und die Lösung und spielen anschließend ein Nachschlagespiel in Gruppen.

Zum Ablauf im Einzelnen:
Im **1. Arbeitsschritt** erläutert der Lehrer das Vorgehen für die folgende Stunde.

Er verweist darauf, dass die Schüler im **2. Arbeitsschritt** den Infotext lesen und nach Vorgabe markieren.

Im **3. Arbeitsschritt** schreiben die Schüler das Finden einer Bibelstelle in Einzelschritten auf.

Im **4. Arbeitsschritt** präsentieren einzelne Schüler ihr Ergebnis. Es besteht die Möglichkeit zum Korrigieren und Nachfragen.

Im **5. Arbeitsschritt** üben die Schüler das Nachschlagen einzelner Bibelstellen nach Vorgabe und schreiben die Tiere, die in der Bibelstelle vorkommen, auf. An Lösungsstationen können die Schüler ihr Ergebnis kontrollieren.

Im **6. Arbeitsschritt** suchen die Schüler für ein Ratespiel in Zufallsgruppen Tiere, Orte und Namen in der Bibel und notieren die entsprechende Bibelstelle mit Lösung. Jede Gruppe sucht fünf Begriffe heraus und schreibt die entsprechende Bibelstelle zunächst ins Heft oder auf Notizzettel.

Im **7. Arbeitsschritt** wird das Spiel im Plenum gespielt. Dazu wird die Klasse in zwei Gruppen aufgeteilt. Eine Gruppe beginnt, schlägt eine der Bibelstellen, die zuvor an die Tafel geschrieben wurden, nach und versucht den von der Gruppe ausgewählten Begriff zu erraten. Wird der Begriff erraten, erhält die Gruppe einen Punkt. Falls der falsche Begriff genannt wird, verfällt der Punkt. Die andere Gruppe ist an der Reihe und sucht in der nächsten Bibelstelle nach einem ausgewählten Begriff. Wer am Ende die meisten Punkte hat, gewinnt.

Im **8. Arbeitsschritt** geben einzelne Schüler Rückmeldung zum Spiel und zum Schwierigkeitsgrad der zu suchenden Bibelstellen.

Tipp
Das Lösungsblatt zu den einzelnen Bibelstellen sollte an einer gut zugänglichen Stelle im Klassenzimmer zum Kontrollieren angebracht oder ausgelegt werden. Vielleicht ist es hilfreich, zwei oder drei Kontrollstationen einzurichten.

Beim Nachschlagespiel im Plenum ist es hilfreich, zunächst ausschließlich in den Evangelien Begriffe heraussuchen und nachschlagen zu lassen.

03 In der Bibel nachschlagen

A1 Markiert im Text die einzelnen Schritte, die zum Finden einer Bibelstelle nötig sind.

Info

Manchmal liest man einen besonders interessanten Satz oder eine Aussage, die beeindruckt. Diesen Satz oder Abschnitt möchte man dann immer wieder suchen und finden.

Weil es von der Bibel viele unterschiedliche Ausgaben mit verschiedenen Seitengrößen gibt, kann man in einem solchen Fall nicht einfach eine Seitenzahl angeben. Deshalb hat man für das Finden von Bibelstellen ein cleveres Einteilungsschema gefunden, mit dem man sich ganz schnell in einer Bibel zurechtfindet.

Zuerst gibt man bei einer Bibelstelle immer das **Buch** an, in dem man nach einem bestimmten Satz sucht. Die Seite mit dem Beginn des Buches findet man im Inhaltsverzeichnis der Bibel, zum Beispiel: das Evangelium nach Markus. Man schlägt also die Seite auf, auf der das gesuchte Buch beginnt.

Die einzelnen Bücher sind in **Kapitel** eingeteilt, die mit einer großen, dicken Zahl am Anfang gekennzeichnet und durchnummeriert sind. Nun sucht man die dickgedruckte Kapitelnummer.

Die Kapitel sind wiederum in einzelne **Verse** unterteilt, die mit kleinen Zahlen versehen sind. Diese werden herausgesucht. Dazu muss man im Text sehr genau schauen.

So sagt man dann zum Beispiel: Der Text steht im Markusevangelium, im 1. Kapitel in den Versen 16 bis 20. Diese Angabe wird in der Regel in verkürzter Form angegeben: Mk 1,16–20.

A2 Schreibt auf, wie man vorgehen muss, um eine Bibelstelle zu finden.

Schritt 1: ______________________________

Schritt 2: ______________________________

Schritt 3: ______________________________

Schritt 4: ______________________________

Wer findet die Tiere in der Bibel?

Übt das Nachschlagen in der Bibel.
Schlagt die angegebenen Bibelstellen nach und schreibt die Tiere auf, die ihr dort findet.

Bibelstelle	Tier/Tiere
Ps 8,8	
Jes 65,25	
Lk 22,34	
Joh 2,14	
Jak 3,3	
Mk 11,7	
Joh 21,9	
Mt 21,2	
Lk 9,58	
Mt 12,11	
Joh 10,12	
Ex 4,3	
Jes 50,9	
Gen 24,14	
Offb 7,17	

Wer findet die Tiere in der Bibel? (Lösung)

Bibelstelle	Tier/Tiere
Ps 8,8	Schafe und Rinder
Jes 65,25	Wolf, Lamm, Löwe, Rind, Schlange
Lk 22,34	Hahn
Joh 2,14	Rinder, Schafe, Tauben
Jak 3,3	Pferde
Mk 11,7	Fohlen
Joh 21,9	Fisch
Mt 21,2	Eselin
Lk 9,58	Füchse, Vögel
Mt 12,11	Schaf
Joh 10,12	Schafe, Wolf
Ex 4,3	Schlange
Jes 50,9	Motte
Gen 24,14	Kamele
Offb 7,17	Lamm

LS 04 Glaubenszeugnisse in der Bibel finden

		Zeitrichtwert	Lernaktivitäten	Material	Kompetenzen
1	PL	10'	Ritual zu Beginn des RU. L gibt einen Überblick über den Ablauf der bevorstehenden Stunde.		– religiöse Rituale und Ausdrucksformen verwenden. – Gen 1,1–2,4a als Glaubenszeugnis verstehen – Aussagen biblischer Texte mit eigenem Leben in Beziehung setzen – Grundformen religiöser Sprache erschließen – biblische Zeugnisse christlichen Glaubens methodisch angemessen erschließen – ausgewählte Fachbegriffe verstehen – zielgerichtet arbeiten und kooperieren
2	EA	10'	S kreuzen Möglichkeiten auf M1 an.	M1.A1–2	
3	PA	10'	S tauschen sich im Doppelkreis aus, vergleichen und nennen Beispiele.	M1.A3	
4	PA	15'	S lesen Bibeltext und bearbeiten dazugehörige Aufgaben.	M2.A1–3	
5	PL	10'	Zusammentragen der Ergebnisse im Plenum, Fragen klären.		
6	GA	20'	S schreiben in Kleingruppen ein Glaubensbekenntnis zum Bibeltext Gen 1,1–2,4a.	M3.A1–2	
7	PL	10'	S präsentieren Ergebnisse im Plenum.		
8	PL	5'	S geben und erhalten Rückmeldung.		

Erläuterungen zur Lernspirale

Ziel der Doppelstunde ist es, die Schüler dahingehend zu sensibilisieren, dass Menschen ihren Glauben an Gott auf unterschiedliche Weise zum Ausdruck bringen. Als Beispiel dafür soll der biblische Text Gen 1,1–2,4a als Glaubenszeugnis erkannt und belegt werden. In der Beschäftigung mit den biblischen Ausführungen wird den Schülern bewusst, welche Taten Gottes viele Menschen über die Zeiten hinweg bekennen und loben. Beim Schreiben eines Credo prüfen, begründen und wählen die Schüler eigene Glaubensaussagen, die durch den Bibeltext gestützt werden. Durch die Satzimpulse der Credovorlage übertragen sie ihre Erkenntnisse und Überlegungen auf ihr eigenes Leben.

Zum Ablauf im Einzelnen:
Im **1. Arbeitsschritt** erläutert der Lehrer das Vorgehen für die folgende Stunde.

Er verweist darauf, dass die Schüler im **2. Arbeitsschritt** die Vorschläge von M1 prüfen und nach Vorgabe bearbeiten.

Im **3. Arbeitsschritt** tauschen sich die Schüler über ihre Antworten aus, klären, ergänzen und nennen Beispiele.

Im **4. Arbeitsschritt** lesen die Schüler den Bibeltext Gen 1,1–2,4a und bearbeiten dazu entsprechende Aufgaben.

Im **5. Arbeitsschritt** tragen die Schüler ihre Ergebnisse im Plenum zusammen. Der Lehrer gibt den Schülern die Möglichkeit, Fragen zu stellen und zu klären.

Im **6. Arbeitsschritt** schreiben die Schüler in Gruppen zu drei bis vier Schülern ein gemeinsames Credo mithilfe von Satzanfängen, die als Impulse dienen. Die Schüler dürfen Sprachelemente des Bibeltextes übernehmen.

Im **7. Arbeitsschritt** präsentieren ausgeloste Schüler das Credo ihrer Gruppe.

Im **8. Arbeitsschritt** geben einzelne Schüler wertschätzend Rückmeldung .

Im Anschluss können alle Gruppenergebnisse im Klassenzimmer ausgestellt werden. Alternativ können mehrere Schmuckblätter auf Plakate geklebt und aufgehängt werden.

Tipp
Bei der Bildung von Kleingruppen ist es zeitsparend, wenn man die Lerngruppe durch Abzählen zu maximal drei bis vier Schülern einteilt: Der Lehrer teilt die gesamte Anzahl der Schüler durch die Ziffer, die pro Gruppe 3 ergibt und lässt die Lerngruppe auf diese Zahl durchzählen. Z.B. Bei einer Lerngruppe von 20 Schülern zählt man auf 6 durch. Danach treffen sich alle Schüler mit der Zahl 1 in einer Gruppe, mit der Zahl 2...usw.

Notizen:

04 Glaubenszeugnisse in der Bibel finden

A1 Kreuze mögliche, sinnvolle Antworten an.

Menschen drücken ihren Glaube aus in …

- ◯ Glaubensbekenntnissen
- ◯ Rechnungen
- ◯ Liedern
- ◯ Gedichten
- ◯ Witzen
- ◯ Fußballspielen
- ◯ Geschichten
- ◯ Körperhaltungen
- ◯ Tänzen
- ◯ Herumschreien
- ◯ Zeitungen
- ◯ Gesprächen
- ◯ Lobpreisungen
- ◯ Bitten
- ◯ Dankesworten
- ◯ Bildern
- ◯ Sonstige: ____________________

A2 Nenne Beispiele für deine angekreuzten Antworten.
Bei welchen Gelegenheiten zeigen Menschen ihren Glauben auf diese Weise?

____

____

____

____

____

____

____

____

____

____

____

____

____

A3 Tauscht euch über eure angekreuzten Antworten aus und nennt eure Beispiele dazu.

Die Erschaffung der Welt

A1 Lest den Text.

Im Anfang erschuf Gott die Welt. Die Erde war wüst und leer. Es war finster und Gottes Geist schwebte auf dem Wasser.
Da sprach Gott: „Es soll Licht werden!“, und es wurde Licht. Und Gott sah, dass das Licht gut war. Da trennte er das Licht von der Dunkelheit und nannte das Licht Tag und die Dunkelheit Nacht. Es wurde Abend und es wurde Morgen: erster Tag.
Am zweiten Tag sagte Gott: „Über der Erde soll ein Gewölbe entstehen.“
Gott machte das Gewölbe und trennte das Wasser unterhalb des Gewölbes vom Wasser oberhalb des Gewölbes. So geschah es und Gott nannte das Gewölbe Himmel. Es wurde Abend und es wurde Morgen: zweiter Tag.
Am dritten Tag sprach Gott: „Das Wasser unter dem Himmel soll sich sammeln, damit das Trockene sichtbar wird.“ Und so geschah es. Gott nannte das Trockene Land und das Wasser nannte er Meer. Und Gott sah, dass es gut war.
Dann sagte Gott: „Das Land soll junges Grün hervorbringen, alle Arten von Pflanzen mit Samen, und von Bäumen mit Früchten.“ So geschah es. Auf dem Land wuchsen alle Arten von Pflanzen mit Samen und alle Arten von Bäumen mit Früchten. Und Gott sah, dass es gut war. Es wurde Abend und es wurde Morgen: dritter Tag.
Dann sagte Gott: „Lichter sollen am Himmel sein, um Tag und Nacht zu unterscheiden. Sie sollen Zeichen sein und zur Bestimmung von Festen, von Tagen und Jahren dienen. Sie sollen Lichter am Himmel sein, die über der Erde leuchten.“ So geschah es. Gott machte die beiden großen Lichter, das größere für den Tag, das kleinere für die Nacht, auch die Sterne. Gott setzte die Lichter an den Himmel, damit sie über der Erde leuchten, über Tag und Nacht herrschen und das Licht von der Finsternis trennen. Gott sah, dass es gut war. Es wurde Abend und es wurde Morgen: vierter Tag.
Am fünften Tag sagte Gott: „Im Wasser sollen alle Arten von Tieren leben und am Himmel sollen Vögel fliegen.“ Gott schuf alle Arten von großen Seetieren und anderen Lebewesen, die es im Wasser gibt, und alle Arten von gefiederten Vögeln. Gott sah, dass es gut war. Gott segnete sie und sprach: „Seid fruchtbar und vermehrt euch im Wasser und am Himmel.“ Es wurde Abend und es wurde Morgen: fünfter Tag.
Am sechsten Tag sagte Gott: „Auch auf dem Land soll es Tiere geben! Vieh, Kriechtiere und Tiere des Feldes.“ Gott machte alle Arten von Tieren des Feldes, alle Arten von Vieh und alle Arten von Kriechtieren auf dem Erdboden. Gott sah, dass es gut war.
Dann sprach Gott: „Lasst uns Menschen machen als unser Abbild. Sie sollen über die Fische des Meeres, über die Vögel des Himmels, über das Vieh, über die ganze Erde und über alle Tiere auf dem Land herrschen.“ So schuf Gott den Menschen als sein Abbild, als Abbild Gottes, als Mann und Frau. Er segnete sie und sprach: „Seid fruchtbar und vermehrt euch, bevölkert die Erde, und herrscht über die Fische des Meeres, über die Vögel des Himmels und über alle Tiere auf dem Land.“ Dann sprach Gott: „Ich gebe euch alle Pflanzen auf der ganzen Erde mit Samen und Früchten. Sie sollen euch als Nahrung dienen. Auch die Tiere sollen sich von den Pflanzen ernähren.“ So geschah es. Gott sah alles an, was er geschaffen hatte: Es war sehr gut. Es wurde Abend und es wurde Morgen: sechster Tag. So wurden Himmel und Erde vollendet und ihr ganzes Gefüge.
Am siebten Tag war Gottes Werk vollendet und er ruhte sich von seiner Arbeit aus. Gott segnete den siebten Tag und erklärte ihn zu einem heiligen Tag; denn an ihm ruhte Gott, nachdem er das ganze Werk der Schöpfung vollendet hatte. Das ist die Entstehungsgeschichte von Himmel und Erde, als sie erschaffen wurden.

(nach Gen 1,1–2,4a)

A2 Unterstreicht alle Wiederholungen, die im Text vorkommen.
Markiert unbekannte Begriffe und macht an den Rand ein Fragezeichen.
Unterstreicht, wie Gott handelt (Beispiel: Gott schuf … Gott sprach …).

A3 Nennt Gründe dafür, die den Autor dazu bewogen haben könnten, diesen Text zu schreiben. Was bringt der Text zum Ausdruck? Um welche Art von Text könnte es sich bei diesem Bibeltext handeln?

Ein Glaubensbekenntnis schreiben

A1 Schreibt ein gemeinsames Glaubensbekenntnis (Credo) nach dieser Vorlage. Einigt euch auf gemeinsame Aussagen, die alle in der Gruppe mittragen können. Vergleicht, was Ihr im Bibeltext (Gen 1,1–2,4a) unterstrichen habt, wählt Aussagen aus und nehmt diese mit auf. Es können auch mehrere Glaubenssaussagen bei jedem Impuls aufgeschrieben werden.

A2 Verziert das Blatt in passender Weise.

Glaubensbekenntnis

Wir glauben an Gott *und wissen um die Entstehung der Erde, wie sie die Bibel im Buch Genesis 1,1-2,4a beschreibt und wie sie die Naturwissenschaften erklären.*

Wir glauben

____

Wir sind überzeugt davon, dass

____

Uns ist dabei wichtig,

____

Was ist in unseren Augen wahr?

____

Wir glauben

____

Was erhoffen wir am Ende unseres Lebens?

____

Wir glauben

____

LS 05 Gotteserfahrungen der Menschen in der Bibel

		Zeitrichtwert	Lernaktivitäten	Material	Kompetenzen
1	PL	10'	Ritual zu Beginn des RU. L gibt einen Überblick über den Ablauf der bevorstehenden Stunde.		– religiöse Rituale und Ausdrucksformen verwenden – biblische Texte als Glaubensantworten auf das eigene Leben beziehen – Relevanz von Glaubenszeugnissen für das eigene Leben prüfen – Grundformen religiöser Sprache erschließen – biblische Zeugnisse christlichen Glaubens methodisch angemessen erschließen – ausgewählte Fachbegriffe verstehen – erworbenes Fachwissen zu religiösen Themen verständlich erklären – zielgerichtet arbeiten und kooperieren
2	PA	15'	S lesen Bibeltexte von M1 und bearbeiten dazugehörige Aufgaben.	M1.A1–2	
3	PA	10'	S tauschen sich im Doppelkreis aus, vergleichen, klären und nennen Beispiele.		
4	PL	10'	Zusammentragen der Ergebnisse im Plenum, Fragen klären, Überschriften finden. Danach individuell eine Überschrift auswählen und auf das Arbeitsblatt übertragen.	M1.A3, Tafel	
5	PA	15'	S finden Bibeltexte von M2 in der Bibel, lesen die entsprechenden Stellen und bearbeiten dazugehörige Aufgaben.	M2.A1–2	
6	GA	20'	S diskutieren die Aussage auf M3 und bearbeiten die Aufgaben.	M3.A1–2	
7	PL	5'	S präsentieren ihre Ergebnisse.		
8	PL	5'	S geben und erhalten Rückmeldung.		

Erläuterungen zur Lernspirale

Ziel der Doppelstunde ist es, den Schülern bewusst zu machen, dass in der Bibel Erfahrungen von Menschen mit Gott festgehalten und weitergegeben worden sind. An mehreren Bibelstellen sollen die Schüler erkennen, dass Menschen Gott in verschiedenen Lebenssituationen erfahren und aus dieser Erfahrung heraus im Vertrauen auf Gott gehandelt haben. Für die Schüler können diese biblischen Texte Ermutigung für eigene Haltungen und eigenes Handeln werden.

Zum Ablauf im Einzelnen:
Im **1. Arbeitsschritt** erläutert der Lehrer das Vorgehen für die folgende Stunde.

Er verweist darauf, dass die Schüler im **2. Arbeitsschritt** die biblischen Texte (M1) lesen und die dazugehörigen Aufgaben nach Anweisung bearbeiten.

Im **3. Arbeitsschritt** tauschen sich die Schüler in Partnergruppen über ihre Antworten aus, klären, ergänzen und nennen Beispiele.

Im **4. Arbeitsschritt** tragen die Schüler ihre Ergebnisse im Plenum zusammen, klären Restfragen und finden passende Überschriften, die an der Tafel gesammelt werden (zwei bis drei Beispiele). Danach wählen die Schüler eine Überschrift individuell aus und schreiben sie auf ihr Arbeitsblatt in die vorgegebene Überschriftszeile.

Im **5. Arbeitsschritt** finden die Schüler die angegebenen Bibelstellen auf M2, indem sie selbstständig in der Bibel nachschlagen. Sie bearbeiten die Aufgaben nach Vorgabe.

Im **6. Arbeitsschritt** lesen die Schüler die Aussage auf M3. Danach überlegen sie sich vor dem Hintergrund der biblischen Texte Möglichkeiten für ihr eigenes Leben. Sie arbeiten Vorschläge aus, wie Gotteserfahrungen in ihrem Leben möglicherweise der Boden bereitet werden könnte.

Im **7. Arbeitsschritt** präsentieren ausgeloste Schüler die Ergebnisse ihrer Gruppe.

Im **8. Arbeitsschritt** geben und erhalten einzelne Schüler wertschätzend Rückmeldung.

Tipp
Wenn sich Partnergruppen austauschen sollen, erhält jede Gruppe eine Zahl. Anschließend stehen sich gerade Zahlenpaare und ungerade Zahlenpaare gegenüber und erläutern sich abwechselnd ihre Ergebnisse, klären Fragen und ergänzen ggf. Die Zahlenpaare rücken nach ca. zwei bis drei Minuten auf ein Signal des Lehrers hin weiter. Dies kann sich zwei- bis dreimal wiederholen.

Notizen:

A1 Lies die Bibeltexte.

Der Herr sprach zu Abraham: „Zieh weg aus deinem Land, von deiner Verwandtschaft und aus deines Vaters Haus in ein Land, das ich dir zeigen will. Ich will dich zu einem großen Volk machen, dich segnen und deinen Namen groß machen. Du sollst ein Segen sein." Da zog Abram weg, so wie der Herr ihm gesagt hatte, und Lot ging mit ihm.

(nach Gen 12,1–2;4)

Und der Herr sprach: „Ich habe das Elend meines Volkes in Ägypten gesehen, ihr Geschrei über ihre Antreiber habe ich gehört. Ich kenne ihr Leid. Ich bin herabgestiegen, um sie aus der Hand der Ägypter zu erretten und aus diesem Land hinaufzuführen in ein schönes und weites Land, in ein Land, in dem Milch und Honig fließen, in das Gebiet der Kanaaniter, Hetiter, Amoriter, Perisiter, Hiwiter und Jebusiter. Jetzt ist das Geschrei der Israeliten zu mir gedrungen, und ich habe ihre Unterdrückung gesehen. Und jetzt geh! Ich sende dich zum Pharao. Führe mein Volk, die Israeliten, heraus aus Ägypten!" Mose sagte zu Gott: „Wer bin ich, dass ich zum Pharao gehen und die Israeliten aus Ägypten herausführen könnte?" Gott aber sprach: „Ich bin mit dir; ich habe dich gesandt, und das soll dir als Zeichen dafür dienen: Wenn du mein Volk aus Ägypten herausgeführt hast, werdet ihr Gott auf diesem Berg verehren." Da sprach Mose zu Gott: „Wenn ich also zu den Israeliten kommen und ihnen sagen werde: Der Gott eurer Väter hat mich zu euch geschickt. Da werden sie mich fragen: Wie ist sein Name? Was soll ich ihnen darauf antworten?" Da sagte Gott zu Mose: „Ich bin der ‚Ich-bin-da'."

(nach Ex 3,7–14a)

Der Herr sprach: „Komm heraus, und geh hinauf auf den Berg vor den Herrn!" Da ging der Herr vorüber: Ein großer, heftiger Sturm, der die Berge zerriss und die Felsen zerbrach, ging ihm voraus. Doch der Herr war nicht im Sturm. Dem Sturm folgte ein Erdbeben. Doch der Herr war nicht im Erdbeben. Nach dem Erdbeben kam ein Feuer. Doch der Herr war nicht im Feuer. Nach dem Feuer kam ein sanftes, stilles Säuseln. Als Elija es hörte, verhüllte er sein Gesicht mit seinem Mantel, ging hinaus und stellte sich an den Eingang der Höhle.

(nach 1 Kön 19,11–13)

A2 Unterstreiche unbekannte Wörter mit Bleistift und mache an den Rand ein Fragezeichen.
Unterstreiche mit grün, auf welche Weise sich Gott zeigt (z.B. „Er sprach" oder „Der Herr antwortete").
Unterstreiche mit blau die Aufträge, die Gott den jeweiligen Menschen (Abraham, Mose, Elija) gibt.

A3 Gib dem Blatt eine Überschrift. Was haben alle drei Texte gemeinsam?

____

A1 Schlagt in der Bibel nach. Lest den jeweiligen Text und schreibt in die entsprechende Spalte, auf welche Art und Weise sich Gott bemerkbar macht. Wie erleben diese Menschen Gott?

Bibelstelle	Auf welche Art und Weise zeigt sich Gott den Menschen?
Gen 13,14–16a;18 Nr 117	Abraham:
Gen 41,14–32 29	Der Pharao: Josef:
1 Sam 3,1–10 57	Der junge Samuel:
1 Kön 3,5–15 70	Salomo:

A2 Überlegt euch eine passende Überschrift für dieses Blatt und schreibt sie auf die Überschriftszeile.

Gott im eigenen Leben wahrnehmen?

An einem Ort der Stille ist man nicht alleine, sondern von Liebe umgeben. Liebe, kein bloßes Gefühl, sondern das, was mein Wesen bestimmt und der Grund allen Seins ist. Und wenn ich an diesem Ort der Stille bin und die Liebe spüre, dann bin ich Gott ganz nahe.

A1 Wie kann man diesen Satz verstehen? Was sagt er über die Art und Weise, wie Menschen Gott erfahren können, aus? Schreibt eure Antworten hier auf.

A2 Überlegt, wie ihr in eurem Alltag Orte der Stille oder Zeiten einrichten könnt, in denen ihr in euch hineinhört und so vielleicht auch etwas von Gott wahrnehmen könnt. Wie könnte man das in die Praxis umsetzen? Was ist dazu notwendig? Macht Vorschläge.

LS 06 Wie Menschen beten

		Zeitrichtwert	Lernaktivitäten	Material	Kompetenzen
1	PL	10'	Ritual zu Beginn des RU. L gibt einen Überblick über den Ablauf der bevorstehenden Stunde.		– religiöse Rituale und Ausdrucksformen verwenden – Bedeutung biblischer Texte auf die heutige Zeit beziehen. – Relevanz von Glaubenszeugnissen für das eigene Leben prüfen – Grundformen religiöser Sprache erschließen – Ausdruck bildhafter Sprache der Bibel erkennen – biblische Texte methodisch angemessen erschließen – erworbenes Fachwissen zu religiösen Themen verständlich erklären – zielgerichtet arbeiten und kooperieren
2	PA	10'	S lesen Psalm 23 und markieren nach Vorgabe.	M1.A1–2	
3	PA	5'	S tauschen sich im Doppelkreis aus, vergleichen, klären und ergänzen.		
4	PL	10'	S lesen aus Psalm 23 blau unterstrichene Psalmteile in unterschiedlicher Lautstärke vor und nennen anschließend in Stichworten Auffälligkeiten und Gefühle dazu.	M1.A3	
5	PA	10'	S tragen Psalm 23 einem Lernpartner vor und überlegen danach Lösungen für M1.A5.	M1.A4–5	
6	PA	5'	S lesen Infotext „Was sind Psalmen?" und beantworten dazu die Frage.	M2.A1–2	
7	PA	10'	S schlagen einen Psalm in der Bibel nach und bearbeiten die dazugehörige Fragestellung.	M2.A3, Bibeln	
8	GA	20'	S schreiben eigenen Psalm nach Vorlage M3 und gestalten ihn ansprechend.	M3	
9	PL	10'	Präsentation einzelner Ergebnisse. S geben und erhalten Rückmeldung.	M3	

Erläuterungen zur Lernspirale

Ziel der Doppelstunde ist es, den Schülern einen bekannten Psalm als Beispiel für das Beten und Singen mit Texten des AT vorzustellen. Sie lernen mit dem Psalm 23 die Gattung „Psalm" kennen und vertiefen sich in die bildhafte Sprache der Gebete und Liedtexte des AT. Sie werden ermutigt, selbst einen Psalm als gemeinsames Gebet zu schreiben und ihr Gottesbild zu überprüfen. Die Schüler können sich weitere Beispiele aus dem Buch der Psalmen individuell auswählen und auf einem Schmuckblatt schön gestalten.

Zum Ablauf im Einzelnen:
Im **1. Arbeitsschritt** erläutert der Lehrer das Vorgehen für die folgende Stunde.

Er verweist darauf, dass die Schüler im **2. Arbeitsschritt** den biblischen Text lesen und die Aufgaben nach Anweisung bearbeiten.

Im **3. Arbeitsschritt** tauschen sich die Schüler im Doppelkreis aus, vergleichen, klären, ergänzen und korrigieren ggf.

Im **4. Arbeitsschritt** lesen die Schüler im Klassenzimmer verteilt einzelne Pslamverse, die ihnen wichtig sind, in unterschiedlicher Lautstärke vor und benennen anschließend Auffälligkeiten und Gefühle dazu.

Im **5. Arbeitsschritt** tragen die Schüler ihren Lernpartnern wechselseitig Psalm 23 wertschätzend vor und überlegen anschließend, bei welchen Gelegenheiten er gebetet werden könnte.

Im **6. Arbeitsschritt** lesen die Schüler den Infotext (M2) und bearbeiten die dazugehörigen Aufgaben.

Im **7. Arbeitsschritt** schlagen die Schüler in der Bibel nach und bearbeiten M2.A3.

Im **8. Arbeitsschritt** schreiben Schüler eigenen Psalm nach Vorlage.

Im **9. Arbeitsschritt** präsentieren ausgeloste Schüler die Ergebnisse ihrer Gruppe und erhalten wertschätzend Rückmeldung aus der Gruppe. Schön gestaltete Psalmblätter können im Klassenraum ausgestellt werden.

Tipp

Zur zeitsparenden Bildung von Lernpartnerschaften bietet es sich an, mit den Schülern einen „Lerntandemvertrag" abzuschließen. Jeweils zwei Schüler finden sich zu einem Tandem zusammen und tragen sich in einem vorbereiteten „Lerntandemvertrag" in eine Zeile mit Unterschrift ein. Sie verpflichten sich mit ihrer Unterschrift zu zielgerichtetem Arbeiten und Kooperieren. Jeweils nach den Ferien während eines Schuljahres werden neue Lerntandems gebildet.

Notizen:

06 Wie Menschen beten

A1 Lies den Psalm in Ruhe durch.

Der Herr ist mein Hirte

Der Herr ist mein Hirte,
nichts wird mir fehlen.
Er lässt mich lagern auf grünen Auen
und führt mich zum frischen Wasser.
Meine Lebenskraft bringt er zurück.
Er führt mich auf Pfaden der Gerechtigkeit,
getreu seinem Namen.
Auch wenn ich im finsteren Tal gehe,
ich fürchte kein Unglück;
denn du bist bei mir,
dein Stock und dein Stab trösten mich.
Du deckst mir den Tisch
vor den Augen meiner Feinde.
Du salbst meinen Kopf mit Öl,
übervoll ist mein Becher.
Güte und Barmherzigkeit werden mir mein Leben lang folgen,
und ich werde für immer im Haus des Herrn bleiben.

(nach Ps 23)

A2 Markiere in Grün Worte und Satzteile, die dir wichtig sind.
Markiere in Blau Worte und Satzteile, die dir gefallen.

A3 Verteilt euch im Klassenzimmer. Lest einzelne Psalmwörter oder Verse in unterschiedlicher Lautstärke vor. Was fällt auf?

A4 Trage den ganzen Psalm einem Lernpartner vor.

A5 Überlegt und diskutiert, bei welchen Gelegenheiten dieser Psalm vorgetragen werden könnte. Schreibt Möglichkeiten auf.

Was sind Psalmen?

A2 Lest den Text.

Psalmen sind Lieder und Gebete, die zur Musik eines Saiteninstrumentes gesungen wurden. Das Buch der Psalmen in der Bibel umfasst 150 Lieder, die in einem Zeitraum von ungefähr 500 Jahren in der Zeit vor Christus in Israel entstanden sind. Seitdem sind die Psalmen sowohl für das Judentum, als auch für das Christentum wichtige Gebete, die bis heute auch als Lieder immer wieder neu vertont werden. Im persönlichen Gebet, wie auch beim Gottesdienst, werden Psalmen verwendet. Man stellt sich die Frage, weshalb dies so ist? Vermutlich deshalb, weil die kraftvolle, bildhafte Sprache den Menschen aus dem Herzen spricht. Bei vielen Psalmen steht am Anfang in eckiger Klammer ein Hinweis zum Vortrag oder zum Verfasser der Psalmverse.

Info

A2 Unterstreicht wichtige Informationen. Beantwortet die Frage „Was sind Psalmen?" mit euren eigenen Worten.

____

____

____

GS-Nr.
99
5
37
59

…en oder mehrere Psalmen in der Bibel auf:
…; Ps 62; Ps 84.

GS-Bibel-Nr
99
5
37
59

…us, wie der Betende Gott sieht. Was tut Gott den Menschen …

____

____

____

____

____

____

____

____

____

____

Selbst einen Psalm schreiben

Auch heute singen und beten Menschen in Psalmen.
Versetzt euch in eine Situation, in der ihr Bitten, Lob oder Dank vor Gott tragen wollt.

Schreibt in eurer Gruppe einen eigenen Psalm nach dieser Vorlage.
Gebt ihm eine Überschrift und gestaltet das Blatt schön.

____

Wir sind

____

Wir befinden uns

____

Wir fühlen

____

Du Gott

____

Du unser Gott

____

Wir danken dir

____

Wir loben dich

____

Wir bitten dich

____

LS 07 Erzählungen von Propheten

		Zeitrichtwert	Lernaktivitäten	Material	Kompetenzen
1	PL	10'	Ritual zu Beginn des RU. L gibt einen Überblick über den Ablauf der bevorstehenden Stunde.		– erkennen, dass biblische Texte auch heute noch Bedeutung haben können – erkennen, dass die Bibel Erfahrungen mit Gott bewahrt – Grundformen religiöser Sprache erschließen – religiöse Ausdrucksformen analysieren – biblische Texte methodisch angemessen erschließen – ausgewählte Fachbegriffe verstehen – erworbenes Fachwissen zu religiösen Themen verständlich erklären – zielgerichtet arbeiten und kooperieren
2	EA	15'	S lesen Infotext und bearbeiten Aufgaben. Danach schreiben sie die Prophetenbücher aus der Bibel ab.	M1.A1–4, Bibeln	
3	PA	10'	S tauschen sich im Doppelkreis aus, vergleichen, klären die notierten Fragen, und ergänzen.		
4	PA	10'	S suchen Bibelstellen und füllen Tabelle nach Vorgabe aus.	M2, Bibeln	
5	PL	10'	Zusammentragen der Ergebnisse, klären, ergänzen.	M2	
6	GA	20'	S sammeln Argumente und entwerfen eine Konferenz zum Thema, weshalb die Erlebnisse der Propheten in die Bibel aufgenommen werden sollen. Die Konferenz wird zur Probe durchgespielt.	M3.A1	
7	PL	10'	Präsentation einzelner Ergebnisse der Bibelkonferenz.	M3.A2	
8	PL	5'	S geben und erhalten Rückmeldung.		

Erläuterungen zur Lernspirale

Ziel der Doppelstunde ist es, den Schülern mit den Prophetenbüchern eine zentrale Büchersammlung der Bibel vorzustellen. Die Schüler sollen die Bedeutung der Erlebnisse und Erfahrungen der Propheten und die Bedeutung der Tradition der Prophetenbücher in der Bibel ansatzweise verstehen, sowie die Namen der Prophetenbücher kennenlernen. Indem sie Argumente sammeln und begründen, weshalb Prophetenbücher in die Bibel aufgenommen werden oder möglicherweise nicht, setzen sie sich mit der Bedeutung der Erlebnisse der Propheten auseinander und beziehen diese auf die heutige Zeit.

Zum Ablauf im Einzelnen:
Im **1. Arbeitsschritt** erläutert der Lehrer das Vorgehen für die folgende Stunde.

Er verweist darauf, dass die Schüler im **2. Arbeitsschritt** den Infotext lesen und die dazugehörigen Aufgaben nach Anweisung bearbeiten. Anschließend notieren sich die Schüler die biblischen Prophetenbücher.

Im **3. Arbeitsschritt** tauschen sich die Schüler im Doppelkreis aus, vergleichen, klären Fragen, ergänzen und korrigieren ggf.

Im **4. Arbeitsschritt** lesen die Schüler die angegebenen Bibelstellen und füllen die Tabelle nach Vorschrift aus.

Im **5. Arbeitsschritt** tragen die Schüler die Ergebnisse im Plenum zusammen, klären ggf. Fragen und ergänzen.

Im **6. Arbeitsschritt** bereiten die Schüler eine Bibelkonferenz zum Thema „Prophetenbücher" vor und spielen sie zur Probe durch. Sie sammeln Argumente und begründen ihren Standpunkt. Die Schüler planen den Ablauf ihrer Gruppenpräsentation als Bibelkonferenz.

Im **7. Arbeitsschritt** präsentieren die Schüler ihre Ergebnisse als Gruppe, sie spielen ihre Bibelkonferenz im Plenum vor und erhalten im **8. Arbeitsschritt** wertschätzend Rückmeldung aus dem Plenum.

Tipp
Um eine Konferenz im Plenum als Präsentation nachzuspielen, sollte sie vorbereitet werden. Es ist hilfreich, wenn die Schüler ihre Argumente in einer Gruppe sammeln, begründen und aufteilen. Die Argumente sollten auf Notizzetteln aufgeschrieben werden, damit sie bei der Präsentation als Unterstützung benutzt werden können. Allen Zufallsgruppen muss in der Anleitung der Aufgabe klargemacht werden, dass sie bereits in ihrer Vorbesprechung zu einem Ergebnis kommen sollten, damit die Zuhörer am Ende beurteilen können, ob die Argumentation der entsprechenden Gruppe schlüssig ist.

Notizen:

07 Erzählungen von Propheten

A1 Lies den Infotext.

Was sind Propheten?

Das Wort „Prophet“ kommt aus dem Griechischen und bedeutet „Verkünder, Sprecher, Rufer“. Die hebräische Bezeichnung dafür ist „nabi“. Propheten sind Menschen, die zu allen Zeiten in den Völkern leben und ein offenes Ohr haben, um Gottes Wort zu hören und weiterzugeben.

Manchmal wird dieses Hören auf Gottes Wort auch als Vision oder Traum beschrieben. Die Nachrichten, die Propheten zu verkünden haben, sind oft sehr unangenehm und unglaubwürdig. In einzelnen Fällen sagen Propheten die Zukunft voraus. Viele Leute lachen und verspotten sie dann.
Doch Propheten fühlen sich von Gott berufen, seine Botschaft zu verkünden. Manchmal haben sie die Aufgabe, zur Umkehr und zur Veränderung aufzurufen, in Zeiten der Not jedoch machen sie den Menschen Mut und Hoffnung und trösten sie. Wichtige Erlebnisse von Propheten erzählte man in alter Zeit immer wieder und schrieb sie auf, weil sie für die Menschen von großer Bedeutung waren. Im Alten Testament, dem ersten Teil der Bibel, wurden sie gesammelt. So können wir heute noch die Erlebnisse und Erfahrungen vieler Propheten in der Bibel nachlesen.

A2 Markiere mit Bleistift Wörter, die du nicht verstehst, und mache an den Rand ein Fragezeichen.
Markiere mit blauem Stift Wörter und Satzteile, die dir wichtig erscheinen.

A3 Schreibe drei Fragen zum Textinhalt auf.

____

____

____

A4 Im Alten Testament findet man zahlreiche Prophetenbücher. Sie sind im Inhaltsverzeichnis der Bibel in einer Gruppe aufgeführt, meist unter der Bezeichnung „Bücher der Propheten“.

Suche diese Bücher in der Bibel und schreibe wichtige Prophetenbücher oder Büchergruppen hier auf.

____

____

____

____

Die Bibel erzählt: Propheten beschreiben ihre Berufung

Lest die entsprechenden Bibelstellen durch und beantwortet die Fragen in der Tabelle.

Bibelstelle	Wie heißt der Prophet?	Wie macht sich Gott bemerkbar? Was nimmt der Prophet wahr?	Welchen Auftrag erhält der Prophet?
Ez 2,1–8a			
Jer 1,4–9			
Jes 1,1 49,1–2; 8–9			

Bibelkonferenz

Stellt euch vor, ihr seid das Expertenteam, das darüber entscheidet, ob die Erlebnisse der Propheten als Bücher in die Bibel aufgenommen werden sollen. Das Team hat die Aufgabe, zu überlegen, ob es wichtig und richtig ist, dass die Erfahrungen der Propheten in die Bibel aufgenommen und überliefert werden.

A1 Sammelt zunächst Argumente dafür und dagegen. Schreibt dann in Zufallsgruppen die gemeinsamen Argumente und Gedanken eurer Bibelkonferenz stichwortartig auf. Kommt zu einer Entscheidung und begründet sie.

Argumente dafür 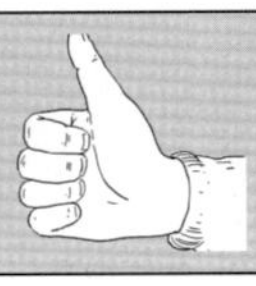	**Argumente dagegen** 

A2 Präsentiert das Ergebnis eurer Bibelkonferenz.

LS 08 Vom Einsatz für Gerechtigkeit: das Buch Amos

		Zeitrichtwert	Lernaktivitäten	Material	Kompetenzen
1	Pl	10'	Ritual zu Beginn des RU. L gibt einen Überblick über den Ablauf der bevorstehenden Stunde.		– religiöse Rituale und Ausdrucksformen verwenden – erkennen, dass die Bibel Erfahrungen mit Gott bewahrt – verstehen, dass biblische Texte heute noch relevant sind – Grundformen religiöser Sprache erschließen – ausgewählte Fachbegriffe verstehen – erworbenes Fachwissen zu religiösen Themen verständlich erklären – zielgerichtet arbeiten und kooperieren
2	EA	10'	S lesen M1 und bearbeiten Aufgaben nach Vorgabe.	M1.A1–3, Bibeln	
3	PA	10'	S tauschen sich im Doppelkreis aus, vergleichen, klären und ergänzen.		
4	PA	10'	S bearbeiten M2.	M2.A1–2	
5	PL	10'	Zusammentragen der Ergebnisse, klären, ergänzen. Vorschläge für eine Überschrift zu M2 sammeln. S übernehmen eine Überschrift nach Wahl.	M2, Tafel	
6	GA	20'	S lesen M2.A3 und besprechen Möglichkeiten für den Inhalt einer Rede in heutiger Zeit. S schreiben Rede an den Bundestag.	M2.A3–4	
7	PL	15'	S präsentieren einzelne Reden.		
8	PL	5'	S geben und erhalten Rückmeldung.		

Erläuterungen zur Lernspirale

Ziel der Doppelstunde ist es, den Schülern mit dem Buch Amos exemplarisch ein Prophetenbuch aus der Büchersammlung der Bibel vorzustellen. Die Schüler sollen die Bedeutung des Auftrages des Propheten erkennen und sich mit dem Inhalt seiner Botschaft auseinandersetzen. Die Schüler werden sensibilisiert, zu überlegen, ob die Vorwürfe des Propheten in ihrem Lebensumfeld relevant sind und zutreffen. Im weiteren Schritt beziehen die Schüler die Aussagen, die im Buch Amos zu lesen sind, auf die heutige Zeit und formulieren eine Rede vor dem Parlament mit Beispielen der heutigen Zeit.

Zum Ablauf im Einzelnen:
Im **1. Arbeitsschritt** erläutert der Lehrer das Vorgehen für die folgende Stunde.

Er verweist darauf, dass die Schüler im **2. Arbeitsschritt** die genannte Bibelstelle nachschlagen und bearbeiten sollen. Danach werden die Aussagen aus dem Buch Amos gelesen und nach Anweisung bearbeitet.

Im **3. Arbeitsschritt** tauschen sich die Schüler aus, vergleichen, klären Fragen, ergänzen und korrigieren ggf.

Im **4. Arbeitsschritt** erhalten die Schüler M2 und bearbeiten darauf die ersten beiden Aufgaben.

Im **5. Arbeitsschritt** tragen die Schüler die Ergebnisse im Plenum zusammen, klären ggf. Fragen und ergänzen. Vorschläge für eine Überschrift für M2 werden an der Tafel gesammelt, anschließend individuell ausgewählt und auf das Arbeitsblatt übernommen.

Im **6. Arbeitsschritt** schlagen die Schüler eine Bibelstelle nach und überlegen, welches Verhalten als richtig beschrieben wird. Anschließend einigen sie sich auf Inhalte und Argumente, die in einer Rede vor dem Parlament vorkommen sollen, und machen sich Notizen dazu. Anhand dieser Notizen schreiben die Schüler eine Rede zum Thema in ihr Heft. Einzelne Schüler der Zufallsgruppe schreiben parallel dazu Karteikärtchen.

Im **7. Arbeitsschritt** präsentieren einzelne, ausgeloste Schüler ihre Rede vor der Lerngruppe und erhalten im **8. Arbeitsschritt** wertschätzend Rückmeldung aus dem Plenum.

Tipp
Zum Schreiben einer Rede benötigen die Schüler Notizen, um die Rede danach ausformulieren zu können. Für das Halten der Rede ist es hilfreich, wenn die Schüler die Möglichkeit haben, diese von Karteikärtchen unterstützt zu halten. Zu diesem Zweck sollten Karteikärtchen bereitgestellt werden.

Um die Rückmeldung aus der Lerngruppe wertschätzend zu gestalten, sind die Wortbrücken „Gut war…“ (inhaltlich und prozedural) und „Tipp für das nächste Mal…“ unterstützend und zielführend.

Notizen:

08 Vom Einsatz für Gerechtigkeit: das Buch Amos

A1 Der Prophet Amos erhält den Auftrag, gegen Ungerechtigkeit, Armut und Egoismus einzutreten. Lest Am 1,1 und schreibt auf, wie Amos seine Berufung wahrnimmt.

____

____

A2 Nach seiner Berufung nennt Amos die Dinge beim Namen und klagt an. Er kritisiert die Reichen und Mächtigen seiner Zeit.
Lest die Beispiele und notiert, was er ihnen vorwirft.

Ihr bedrängt die Unschuldigen, ihr lasst euch bestechen und unterdrückt die Armen. *(nach Am 5,12b)*

Ihr verlangt von den Armen Pachtgeld und belegt ihr Korn mit Steuern. Darum sollt ihr nicht in euren Häusern aus Stein wohnen und nicht den Wein eurer prächtigen Weinberge trinken. *(nach Am 5,11)*

Ihr trinkt Wein aus Schalen, ihr salbt euch mit feinsten Ölen, aber der Untergang Josefs kümmert euch nicht. *(nach Am 6,6)*

Ihr schlaft in Betten aus Elfenbein und faulenzt auf euren Polstern. Zum Essen holt ihr euch Lämmer aus der Herde und Mastkälber aus dem Stall. *(nach Am 6,4)*

____

____

____

A3 Überlege: Gibt es einen Bezug zu unserer Zeit?

____

Über 700 Jahre vor Christus wurden die Erlebnisse eines Maulbeerfeigenpflanzers und Viehzüchters aus Tekoa aufgeschrieben.

A1 Überlegt: Weshalb ist Amos nicht bei seiner Landwirtschaft geblieben, sondern hat sich auf den Weg gemacht und hat die Reichen und Mächtigen angeklagt? Wofür setzt er sich ein? Was ist ihm wichtig?

____

____

A2 Was ist ungerecht daran, wenn sich Reiche Luxus gönnen? Wie wäre es gerecht und richtig?

____

____

A3 Schlagt Am 5,14–15a in der Bibel nach und überlegt, was Amos damit meint.

____

____

A4 Überlegt, wie die Situation heute ist. Schreibt eine Rede, die ihr heute vor dem Bundestag halten könntet. Denkt daran, dass ihr euch für Gerechtigkeit in unserem Land, aber auch auf der ganzen Welt einsetzen wollt. Macht euch dazu Notizen in euer Heft und schreibt die Rede dann auf ein Blatt.

LS 09 Trost in biblischen Texten finden

		Zeitrichtwert	Lernaktivitäten	Material	Kompetenzen
1	PL	10'	Ritual zu Beginn des RU. L gibt einen Überblick über den Ablauf der bevorstehenden Stunde.		– religiöse Rituale und Ausdrucksformen verwenden – erkennen, dass biblische Texte auch heute noch Bedeutung haben können – Lebensbezug biblischer Texte erläutern – erkennen, dass die Bibel Erfahrungen mit Gott bewahrt – Grundformen religiöser Sprache erschließen – ausgewählte Fachbegriffe verstehen – erworbenes Fachwissen zu religiösen Themen verständlich erklären – zielgerichtet arbeiten und kooperieren
2	PA	10'	S lesen Infotext und bearbeiten Aufgaben nach Vorgabe.	M1.A1–4	
3	PA	10'	S tauschen sich im Doppelkreis aus, vergleichen, klären und ergänzen.		
4	PA	15'	S schlagen Bibelstellen nach bearbeiten M1.A5.	Bibeln, M1.A5	
5	PA	10'	Zusammentragen der Ergebnisse in neuen Partnerschaften.	M1	
6	GA	10'	S lesen die Aussagen des Jesaja durch und bearbeiten die ersten beiden Aufgaben nach Vorgabe. S einigen sich auf eine Überschrift und tragen diese ein.	M2.A1–3	
7	GA	15'	S formulieren ein Trostgedicht nach der Struktur eines Rondellgedichtes.	M2.A4	
8	PL	10'	Einzelne S präsentieren das Gedicht ihrer Gruppe und geben und erhalten Rückmeldung.		

Tipp
Zum Schreiben eines Rondellgedichtes erhalten die Schüler eine Strukturvorlage, um die Gedichtform mit dem Inhalt richtig zu koordinieren. Wenn verschiedene Gedichtformen öfters geübt werden, können die Schüler diese auch eigenständig anwenden.

Für den Austausch der Lernpartnerschaften erhält jedes Tandem eine Nummer. Danach wird jedem Tandem mit gerader Nummer eines mit ungerader Nummer zugelost.

Erläuterungen zur Lernspirale

Ziel der Doppelstunde ist es, die Schüler mit den Trostworten des Jesajabuches auf einen ausgewählten Teil der Botschaft der Bücher der Bibel hin zu sensibilisieren. Sie sollen einen Aspekt der Sendung des Jesaja kennenlernen und sich exemplarisch mit einem Teil seiner Botschaft auseinandersetzen. Im weiteren Schritt beziehen die Schüler die Aussagen des Jesajabuches auf die heutige Zeit und interpretieren die Textbeispiele als Glaubensantworten auf die eigene Lebenssituation.

Zum Ablauf im Einzelnen:
Im **1. Arbeitsschritt** erläutert der Lehrer das Vorgehen für die folgende Stunde.

Er verweist darauf, dass die Schüler im **2. Arbeitsschritt** den Infotext lesen und dazu Aufgaben nach Vorgabe bearbeiten.

Im **3. Arbeitsschritt** tauschen sich die Schüler aus, vergleichen, klären Fragen, ergänzen und korrigieren ggf.

Im **4. Arbeitsschritt** schlagen die Schüler die angegebenen Bibelstellen nach und schreiben heraus, mit welchen Worten Jesaja die Menschen tröstet.

Im **5. Arbeitsschritt** werden die Partnergruppen nummeriert. Anschließend wird jedem Paar mit gerader Zahl eines mit ungerader Zahl zugewiesen. In diesen Lernpartnerschaften werden die Arbeitsergebnisse verglichen, begründet und ggf. ergänzt.

Im **6. Arbeitsschritt** lesen die Schüler die Aussagen des Jesaja in den Sprechblasen durch und bearbeiten dazu die ersten drei Aufgaben auf M2.

Im **7. Arbeitsschritt** schreiben die Schüler in Zufallsgruppen ein Trostgedicht in der Form eines Rondellgedichtes. Dazu wird die Struktur vorgegeben.

Im **8. Arbeitsschritt** präsentieren einzelne Schüler das Gedicht ihrer Gruppe vor der Klasse und geben und erhalten wertschätzend Rückmeldung aus dem Plenum.

Notizen:

09 Trost in biblischen Texten finden

A1 Lies den Infotext.

Das Buch Jesaja

Das erste Buch der Prophetenbücher im Alten Testament ist das Buch Jesaja. Der Prophet Jesaja wurde im Jahr 736 v. Chr. (Jes 6,1) berufen und ist wahrscheinlich im Jahre 701 v. Chr. gestorben. Sein Auftreten und seine Prophezeihungen fielen in Jahre mit kriegerischen Auseinandersetzungen, unter denen das Volk sehr gelitten hatte. Jesaja hatte den Auftrag, die Menschen seiner Zeit wieder zum Glauben zu führen und ihnen in ihrer Not Trost und Hoffnung zu spenden. Er sollte sie an die Treue Gottes erinnern und daran, dass Gott den Völkern der Erde Frieden, Gerechtigkeit und Heil verspricht. Daraus entwickelte sich die Hoffnung, dass irgendwann der Messias kommen werde, der endlich Frieden und Gerechtigkeit bringen werde. Dieser Teil des Jesajabuches ist den Menschen ein wichtiges Buch geworden, deshalb werden auch heute immer wieder die Trostworte des Jesaja gelesen.

Info

A2 Markiere unbekannte Wörter und mache an den Rand ein Fragezeichen.

A3 Unterstreiche in Grün die Jahreszahlen, die im Text vorkommen. Überlege, wie viele Jahre das Wirken des Jesaja ungefähr zurückliegt. Rechne von heute an und schreibe die Jahre hier auf.

A4 Unterstreiche in Blau den Auftrag des Jesaja und schreibe ihn hier auf.

A5 Schlagt in der Bibel folgende Stellen nach und schreibt auf, mit welchen Worten Jesaja Menschen tröstet.

Bibelstelle	Worte des Jesaja
Jes 9,1	
Jes 40,1	
Jes 41,10	
Jes 42,6–7	
Jes 43,1–2	

____

A1 Lest die Aussagen Jesajas.

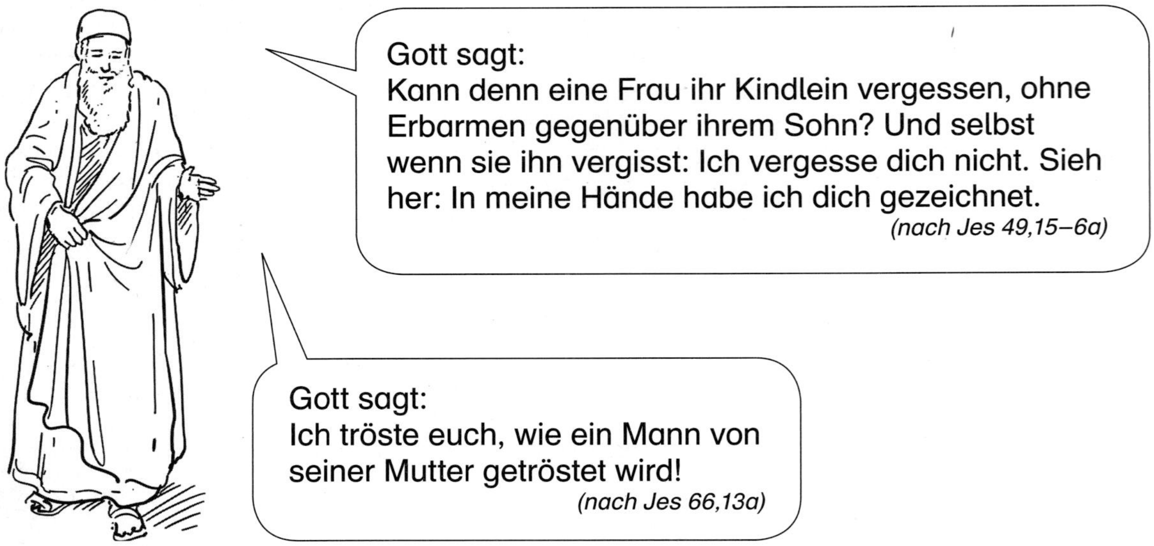

A2 Unterstreicht in Blau diejenigen Satzteile, die ihr als tröstend empfindet.
Überlegt: Weshalb empfinden wir die Worte als Trost? In welchen Situationen können die Worte des Jesajabuches heute noch trösten?

____

____

A3 Einigt euch in der Gruppe auf eine Überschrift zum Arbeitsblatt und tragt sie in die Überschriftszeile ein.

A4 Schreibt in einer Zufallsgruppe ein Rondellgedicht zum Thema „Getröstet werden“ mithilfe der Worte des Jesajabuches. Die Form des Rondellgedichtes ist vorgegeben.

_______________________________ (Überschrift, Thema)

_______________________________ (Satz mit einer zentralen Aussage zum Thema)

_______________________________ (Satz mit Höreindruck zum Thema)

_______________________________ (Satz mit Seheindruck zum Thema)

_______________________________ (Satz mit einer zentralen Aussage zum Thema)

_______________________________ (Satz mit einem Gefühl zum Thema)

_______________________________ (Satz mit einer Tat zum Thema)

_______________________________ (Satz mit einer zentralen Aussage zum Thema)

LS 10 Qumran – ein Hirte entdeckt alte Schriftrollen

		Zeitrichtwert	Lernaktivitäten	Material	Kompetenzen
1	PL	10'	Ritual zu Beginn des RU. L gibt einen Überblick über den Ablauf der bevorstehenden Stunde.		– religiöse Rituale und Ausdrucksformen verwenden – ausgewählte Fachbegriffe verstehen – Fachwissen zum Thema Bibel erarbeiten – erworbenes Fachwissen zum Thema Bibel verständlich erklären – zielgerichtet arbeiten und kooperieren – eigene Gedanken zum Thema formulieren
2	PA	20'	S lesen Szene auf M1 in verteilten Rollen und machen sich Notizen dazu.	M1.A1–2	
3	PA	10'	S tauschen sich im Doppelkreis aus, vergleichen, klären und ergänzen.		
4	GA	15'	S schreiben eine Nachrichtenmeldung dazu.	M1.A3	
5	PL	10'	S präsentieren ihre Nachrichtenmeldung	M1	
6	PL	5'	S geben und erhalten Rückmeldung im Plenum.		
7	EA	15'	S bearbeiten M2.	M2.A1–4	
8	PL	5'	Einzelne S präsentieren ihre Ergebnisse im Plenum.		

Erläuterungen zur Lernspirale

Ziel der Doppelstunde ist es, die Schüler mit der Entdeckung der Schriftrollen in Qumran am Toten Meer bekannt zu machen. Sie sollen um die Bedeutung der archäologischen Funde wissen und die Jesajarolle, aber auch weitere Bücher im Alten Testament einordnen können. Die Schüler werden daraufhin sensibilisiert, dass das korrekte, sorgfältige Abschreiben heiliger Schriften Ehrensache war und deshalb die Jesajarolle über Jahrtausende im Originaltext überliefert werden konnte. Diese Erkenntnis kann auch auf andere Bücher der Bibel übertragen werden.

Zum Ablauf im Einzelnen:
Im **1. Arbeitsschritt** erläutert der Lehrer das Vorgehen für die folgende Stunde.

Er verweist darauf, dass die Schüler im **2. Arbeitsschritt** die Szene M1 lesen und sich zur Aufgabenstellung Notizen ins Heft machen.

Im **3. Arbeitsschritt** tragen sich die Schüler gegenseitig ihre Notizen vor. Dazu werden die Tandems nummeriert. Jedes Paar mit gerader Zahl wird einem mit ungerader Zahl zugewiesen. In diesen Lernpartnerschaften werden die Arbeitsergebnisse verglichen, begründet und ggf. ergänzt.

Im **4. Arbeitsschritt** schreiben die Schüler in Zufallsgruppen eine Nachrichtenmeldung zum Fund in Qumran, die im **5. Arbeitsschritt** präsentiert wird.

Im **6. Arbeitsschritt** geben und erhalten die Schüler Rückmeldung mit den Wortbrücken „Gut war…“ und „Tipp fürs nächste Mal…“.

Im **7. Arbeitsschritt** erhalten die Schüler M2. Sie lesen zunächst den Infotext und bearbeiten danach die Aufgaben nach Vorgabe.

Im **8. Arbeitsschritt** präsentieren einzelne Schüler ihr Ergebnis im Plenum. Da es sich um persönliche Gedanken handelt, sollte dies auf freiwilliger Basis geschehen und die Privatsphäre der Schüler unbedingt berücksichtigt werden.

Tipp
Für den Austausch mit Lernpartnerschaften erhält jedes Tandem eine Nummer. Danach wird jedem Paar mit gerader Nummer eines mit ungerader Nummer zugelost.

POZEK-Schlüssel für M1

Person:
Wer handelt, redet, geht, ... hier?

Ort:
Wo geschieht es?

Zeit:
Wann geschieht es?

Ereignis:
Was spielt sich eigentlich ab? (bezieht sich auf das Ganze)

Kern:
Was sagt mir der Text . Was ist mir wichtig? Was will ich weitererzählen?

Notizen:

10 Qumran – ein Hirte entdeckt alte Schriftrollen

A1 Lest die Szene in verteilten Rollen. Lest sie vielleicht auch zweimal.

Ein Hirtenjunge macht eine bedeutsame Entdeckung

Erzähler: In den Bergen in der Nähe des Toten Meeres ist im Jahre 1947 ein Hirtenjunge mit seiner kleinen Herde unterwegs. In der Hitze des Tages ruht er sich ein wenig aus – und muss wohl eingeschlafen sein. Plötzlich schlägt sein Hirtenhund an und bellt. Der Junge erschrickt und wacht auf. Er blickt über seine Schafe und Ziegen, die verstreut um ihn herum stehen. Aber, was ist das? Da fehlt doch eines! Deshalb schlägt der Hund an! So ein Pech aber auch, jetzt muss er das Tier suchen. Wo könnte es sein?

Hirtenjunge: Ob das kleine Schaf wohl auf den Felsblock geklettert ist? Es könnte aber auch abgestürzt sein oder sich in einem Dornenstrauch verfangen haben. Das gibt Ärger, wenn ich heimkomme!

Erzähler: Der Hirtenjunge gibt sich richtig Mühe mit der Suche, aber vergebens.

Hirtenjunge: Oh, hier sind ja so viele Felsspalten und Höhlen, hoffentlich ist das Tier nirgens hineingefallen!

Erzähler: Muhamad nimmt einen Stein und lässt ihn in einen Felsspalt fallen. Als der Stein auf der Erde aufkommt, hört man ein eigenartiges Geräusch. Der Hirte wiederholt seinen Steinwurf mehrfach und steigt dann in die Höhle hinein, um nachzuschauen. Und tatsächlich – er findet sein verlorenes Tier. Voll Freude nimmt er es auf – doch, was ist das?

Hirtenjunge: Da liegen ja Tonscherben und Tonkrüge sind in der Ecke auch zu sehen! Ob ich da mal hineinschaue? Oh, das sind alte Schriftrollen, die in Leder eingewickelt sind. Die vermisst keiner mehr, die sind vor langer Zeit hier vergessen worden, so staubig wie sie sind! Da lasse ich lieber die Finger davon. Ich gehe wieder zu meiner Herde. Vielleicht erzähle ich heute Abend daheim meinem Vater von meinem Fund.

Erzähler: Das, was der Hirtenjunge zufällig entdeckt hatte, entpuppte sich als Sensation. Später kehrte er mit ein paar Freunden zurück und nahm einige Krüge mit Schriftrollen mit, um sie auf dem Markt an Touristen zu verkaufen. So kam es, dass die Schriftrollen einigen Wissenschaftlern auffielen und diese als sehr alte, wertvolle Handschriften erkannt wurden. Die bedeutendste Entdeckung war eine Lederrolle mit dem biblischen Buch des Propheten Jesaja aus dem Alten Testament, die über 2000 Jahre alt war. Beim Vergleich mit neuen Bibelausgaben erkannten die Wissenschaftler, dass die Bibelhandschriften sehr sorgfältig ausgeführt worden waren, denn an dem Text hatte sich tatsächlich kaum etwas verändert.

A2 Unterstreicht im Text wer, wo, wann, was entdeckt hat. Überlegt, was die Wissenschaftler an diesem Fund fasziniert hat.

A3 Schreibt in einer Zufallsgruppe eine Nachrichtenmeldung dazu. Was könnte der Fernsehsprecher dem Publikum vortragen?

A1 Lies den Infotext.

Info

Qumran liegt am Ufer des Toten Meeres. Vor etwa 2000 Jahren befand sich dort ein Kloster mit Mönchen, wie Ausgrabungen zeigen. Im Jahr 70 n. Chr. eroberten die Römer das Land und zerstörten das Kloster. Weil den Mönchen ihre Schriften sehr wertvoll waren, packten sie diese in Tonkrüge und versteckten sie in den umliegenden Höhlen. Niemand fand sie, bis ein Hirtenjunge die Buchrollen in den Tonkrügen zufällig entdeckte. Zwischen 1947 und 1956 suchte und fand man in Qumran in elf Höhlen über 870 Schriftrollen.

Darunter befand sich eine Schriftrolle mit dem Buch des Propheten Jesaja aus dem 2. Jahrhundert v. Chr. Sie ist sehr gut erhalten und hat eine Länge von 7,34 m. Wenn man den Inhalt dieser Schriftrolle mit dem Jesajatext der heutigen Bibel vergleicht, kann man erkennen, wie sorgfältig Bibeltexte über Jahrtausende abgeschrieben wurden, denn sie haben sich kaum verändert.

Insgesamt waren nur elf Schriftrollen gut erhalten, die anderen sind in ca. 80000 Fragmente zerfallen und müssen mühsam von Forschern zusammengesetzt werden. Die Texte wurden digitalisiert, sodass man sie heute auch Online einsehen kann.

In Jerusalem wurde später ein Museum für die Schriftrollen aus Qumran gebaut, es heißt „Schrein des Buches". Dieses Museum hat eine interessante Form: Es sieht aus wie der Deckel eines Tonkruges, was an die Aufbewahrung der Schriftrollen in den Höhlen erinnern soll. Dieses Museum ist sehr sicher gebaut, sodass die wertvollen Funde möglichst nicht beschädigt werden können.

A2 Markiere wichtige Textstellen. Mache an den Rand ein Ausrufezeichen.

A3 Finde eine passende Überschrift für das Arbeitsblatt und schreibe sie in die Zeile.

A4 Stelle dir vor, du bist ein Wissenschaftler. Wie reagierst du, als du vom Fund der Schriftrollen erfährst? Beschreibe, was dich an diesem Fund besonders interessiert.

LS 01 Evangelisten schreiben die Botschaft Jesu auf

		Zeitrichtwert	Lernaktivitäten	Material	Kompetenzen
1	PL	10'	Ritual zu Beginn des RU. L gibt einen Überblick über den Ablauf der bevorstehenden Stunde.		– religiöse Rituale und Ausdrucksformen verwenden – schriftliche Überlieferung der Evangelien bis heute nachvollziehen – ausgewählte Fachbegriffe verstehen – fachspezifische Methoden anwenden – erworbenes Wissen zu religiösen Themen verständlich erklären – andere Meinungen überprüfen und zulassen – zielgerichtet arbeiten und kooperieren – angemessen vortragen und präsentieren
2	PA	15'	S lesen Text und markieren nach Vorgabe.	M1.A1–2	
3	PL	5'	S klären Unbekanntes und Fragen zum Text im Plenum.		
4	PA	15'	S unterstreichen richtige Reihenfolge im Text und füllen Skizzen auf M2 aus. Sie übertragen ihre Ergebnisse auf eine Folie.	M2.A1–5, Bibeln, Folien	
5	PL	10'	Einzelne S präsentieren ihre Folien. Lerngruppe ergänzt, korrigiert und gibt Rückmeldung.	M2, Folien, OHP	
6	GA	20'	S bearbeiten M3. Sie füllen Lückenteil „Ereignis" aus und gestalten M3 ansprechend.	M3.A1–2	
7	PL	10'	Einzelne S präsentieren ihre Ergebnisse und erhalten wertschätzend Rückmeldung aus der Lerngruppe. Die Lerngruppe erhält die Möglichkeit zu korrigieren und zu ergänzen.		
8	PL	5'	Ergebnisse werden auf Plakate aufgeklebt und im Klassenzimmer aufgehängt.	Tonpapier, M3	

Tipp
Für das Finden einer Überschrift ist es sinnvoll, die Schüler eigene Vorschläge formulieren zu lassen und an der Tafel mehrere Beispiele festzuhalten, damit das Engagement der Schüler gewürdigt und Differenzierung sichtbar wird. Griffige Überschriften/Themenbenennungen entstehen, wenn diese mit einem Verb formuliert werden.

Erläuterungen zur Lernspirale

Ziel der Doppelstunde ist es, anhand eines Infotextes Fachwissen zu den wichtigsten Entstehungsschritten der Evangelien aufzubauen. Die Schüler werden darüber informiert, dass es Evangelien gibt, bei denen einzelne Textpassagen inhaltlich ähnliche oder gleiche Aussagen haben. Sie erfahren, dass diese Evangelien „synoptische Evangelien" sind und können diesen Fachausdruck nachvollziehen und erklären. Die Schüler lernen außerdem die sogenannte „Zwei-Quellen-Theorie" kennen und können diese auch erläutern. Durch die Einordnung der Entstehungsschritte in eine Zeitleiste entwickeln die Schüler ein Gefühl für den Entstehungszeitraum der Evangelien.

Zum Ablauf im Einzelnen:
Im **1. Arbeitsschritt** erläutert der Lehrer das Vorgehen für die folgende Stunde.

Er verweist darauf, dass die Schüler im **2. Arbeitsschritt** den Informationstext zur Entstehung der Evangelien lesen und bearbeiten.

Im **3. Arbeitsschritt** tragen die Schüler die Informationen zusammen, klären Fragen, korrigieren und ergänzen ggf.

Im **4. Arbeitsschritt** ordnen die Schüler die Entstehungsschritte der Evangelien und beschriften die Schriftrollen nach Vorgabe. Danach füllen sie die Skizze zur Zwei-Quellen-Theorie nach Vorgabe aus und übertragen ihre Ergebnisse auf Folien.

Im **5. Arbeitsschritt** präsentieren einzelne Schüler ihre Folien und erhalten Rückmeldung aus der Lerngruppe, die die Chance zur Korrektur gibt.

Im **6. Arbeitsschritt** bearbeiten die Schüler M3 und bringen die Entstehungsschritte in die richtige Reihenfolge.

Im **7. Arbeitsschritt** präsentieren einzelne Schüler ihre Ergebnisse und erhalten wertschätzend Rückmeldung aus der Lerngruppe.

Im **8. Arbeitsschritt** werden die ausgefüllten und gestalteten Arbeitsblätter auf Plakate geklebt und im Klassenraum aufgehängt.

Notizen:

01 Evangelisten schreiben die Botschaft Jesu auf

A1 Lest den Text genau durch.

Die Evangelien werden aufgeschrieben

Nachdem Jesus auferstanden war, gab er seinen Freunden den Auftrag, in alle Welt hinauszugehen und den Menschen die Frohe Botschaft zu verkünden. Jesus sandte seinen Jüngern dann am Pfingstfest in Jerusalem seinen Heiligen Geist, der sie ermutigte, von seinen Worten und Taten öffentlich zu reden. Die Menschen, die die Jünger erlebt hatten, erzählten das Gehörte begeistert weiter und verlangten danach, immer mehr zu erfahren. Zunächst entstanden in Jerusalem kleine Christengemeinden. Die Gläubigen kamen in Häusern zusammen und luden die Apostel dazu ein. Diese waren ja Zeugen der Worte und Taten Jesu von Anfang an und konnten genau erzählen, was sie mit Jesus erlebt hatten.

Im Laufe der Zeit entstanden viel mehr Christengemeinden (Urgemeinden), auch in anderen Städten. Überall konnten die Apostel jedoch nicht sein und von Jesus erzählen, deshalb wurde es notwendig, die Worte Jesu und sein Wirken unter den Menschen aufzuschreiben. Paulus schrieb zunächst Briefe an Gemeinden, die er kannte.
Es entstanden mehrere schriftliche Sammlungen von Jesus-Worten und Jesus-Reden.
Irgendwann begann der Evangelist Markus (um 70 n. Chr.) einen zusammenhängenden Text von allem, was er über Jesus wusste und was ihm wichtig erschien, aufzuschreiben. Seine Schrift nannte man „Evangelium“, das heißt „Frohe Botschaft“.
Einige Jahre später schrieben der Evangelist Matthäus (um 80 n. Chr.) und der Evangelist Lukas (80–90 n. Chr.) ebenfalls ein Evangelium. Diese Evangelien waren dem des Markus sehr ähnlich, hatten jedoch auch Unterschiede. Das konnte kein Zufall sein. Später untersuchten Bibelforscher die Texte, legten die einzelnen Passagen nebeneinander und verglichen sie. Das nennt man „Synopse“ (griech. Wort für Zusammenschau). Sie stellten fest, dass Matthäus und Lukas den Markustext kannten, aber zusätzlich noch wichtige Jesusworte, die sie entdeckt hatten, einfügten. Nur der Evangelist Johannes schrieb ein ganz eigenständiges Evangelium (um 90–100 n. Chr.). Später wurden alle vier Evangelien in die Bibel, ins Neue Testament, aufgenommen.

A2 Unterstreicht Begriffe und Wörter, die ihr nicht versteht, mit Bleistift und macht an den Rand ein Fragezeichen.

Die Evangelien entstehen

A1 Unterstreicht auf M1 mit Farbstiften die Reihenfolge der Entstehung des jeweiligen Evangeliums.

A2 Notiert auf den Schriftrollen, von wem die Evangelien nacheinander aufgeschrieben wurden.

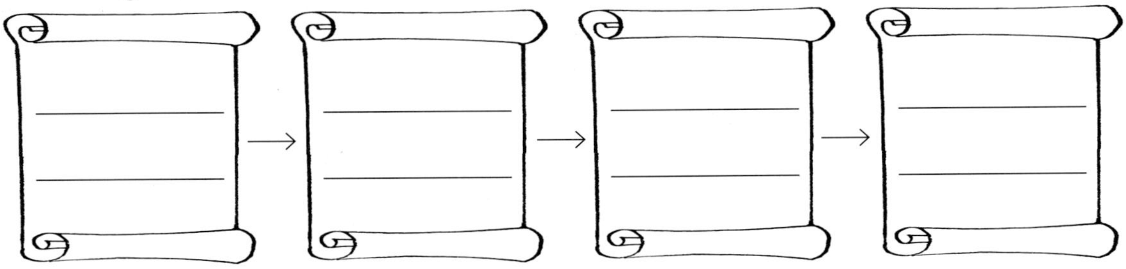

A3 Lest den Infotext .

Info

Matthäus und Lukas benutzten Teile des Markusevangeliums als Vorlage und übernahmen daraus viele Erzählungen. Sie kannten jedoch außerdem noch weitere Worte und Aussagen von Jesus (Q), sowie Tatenberichte, die sie in ihre Evangelien aufnahmen (Sondergut). Nur das Johannesevangelium hat eine eigene Entstehungsgeschichte und andere Berichte von Taten und Worten Jesu. Diese Überlegungen zur Entstehung der Evangelien nennt man „Zwei-Quellen-Theorie".

A4 Schreibt die Abkürzungen der Evangelistennamen in die richtigen Schriftrollen des Schaubildes. Die Abkürzungen findet ihr im Anhang eurer Bibel.

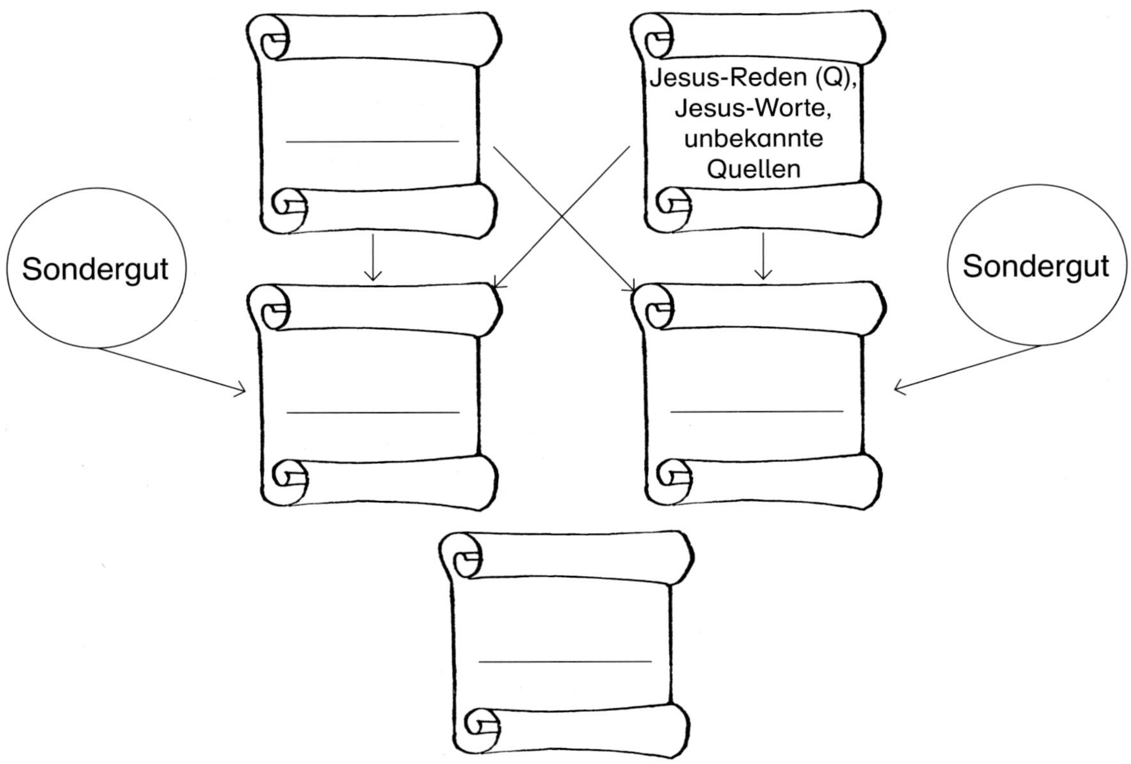

A5 Übertragt euer Modell zur „Zwei-Quellen-Theorie" auf eine Folie.

A1 Betrachtet die Zeichnungen und nehmt den Text M1 zu Hilfe. Tragt in die leeren Zeilen ein, wie die Frohe Botschaft (Evangelium) überliefert wurde.

A2 Findet eine passende Überschrift für dieses Blatt.

Zeit	Stufen	Ereignis	
um 7 v. Chr.–30 n. Chr.			Das Leben Jesu: Verkündigungen, Wirken, Botschaft
ab ca. 30 n. Chr.	Stufe 1		
ab ca. 50 n. Chr.	Stufe 2		
70–100 n. Chr	Stufe 3		
bis heute	Stufe 4		

LS 02 Verschiedene Bibeln entdecken

		Zeitrichtwert	Lernaktivitäten	Material	Kompetenzen
1	PL	10'	Ritual zu Beginn des RU. L gibt einen Überblick über den Ablauf der bevorstehenden Stunde.		– religiöse Rituale und Ausdrucksformen verwenden – unterschiedliche Bibelausgaben wahrnehmen und vergleichen – Unterschiede bei den Textübersetzungen einer Bibel kennenlernen – Merkmale einer Bibel herausarbeiten – fachspezifische Methoden anwenden – erworbenes Wissen zu religiösen Themen verständlich erklären – andere Meinungen überprüfen und zulassen – zielgerichtet arbeiten und kooperieren – angemessen vortragen und präsentieren.
2	EA	15'	S betrachten vorbereitete und mitgebrachte Bibeln und bearbeiten M1 nach Vorgabe.	M1.A1–2, diverse Bibelausgaben	
3	PA	5'	S tauschen sich im Doppelkreis aus, klären Fragen und ergänzen ggf.		
4	PA	20'	S lesen Textstellen auf M2 und bearbeiten diese nach Vorgabe.	M2.A1–3	
5	PL	10'	Einzelne S präsentieren ihr Ergebnis. S erhalten Rückmeldung aus der Lerngruppe und erhalten Gelegenheit zum Ergänzen und Korrigieren.	M2	
6	GA	15'	S bearbeiten M3. Alle S der Lerngruppe gestalten einen Bibeleinband. S einigen sich über die Gestaltung und die Elemente zum Inhalt.	M3.A1–3	
7	PL	10'	Ergebnisse werden in einem Gallery-Walk ausgestellt und betrachtet.		
8	PL	5'	Lerngruppe erhält die Möglichkeit Fragen zu klären, Rückmeldung zu geben, zu korrigieren und zu ergänzen.		

✓ Merkposten
Damit die Schüler genügend unterschiedliche Bibeln zum Vergleichen haben, bringt der Lehrer mehrere verschiedene Bibeln mit und legt diese aus. Alternativ kann der Lehrer die Schüler auch beauftragen, eigene Bibeln von daheim mitzubringen. Manche Schüler haben Kinderbibeln, die zum Vergleichen durchaus geeignet sind.

Für einen Gallery-Walk ist es hilfreich, einige Schülertische in zwei Reihen aufzustellen und die Arbeiten darauf auszulegen, damit die Schüler daran vorbeigehen können.

Erläuterungen zur Lernspirale

Ziel der Doppelstunde ist es, den Schülern mehrere unterschiedliche Bibelausgaben vorzustellen, um sie auf Gemeinsamkeiten und Unterschiede von Bibelausgaben und -übersetzungen aufmerksam zu machen. Sie sollen Bibeln als eigenen Buchtypus kennenlernen und erkennen. Im weiteren Schritt vergleichen die Schüler verschiedene Übersetzungen einer Textstelle und überlegen Gründe für die Unterschiede. In der Gestaltung eines Deckblattes einer Bibel soll zum Ausdruck kommen, woran eine Bibel erkennbar ist.

Zum Ablauf im Einzelnen:
Im **1. Arbeitsschritt** erläutert der Lehrer das Vorgehen für die folgende Stunde.

Er verweist darauf, dass die Schüler im **2. Arbeitsschritt** unterschiedliche Bibelausgaben betrachten und die Merkmale in einer Tabelle festhalten.

Im **3. Arbeitsschritt** tauschen sich die Schüler aus, klären Fragen und ergänzen ggf.

Im **4. Arbeitsschritt** lesen und vergleichen die Schüler die unterschiedlichen Textübersetzungen der drei Bibelausgaben. Sie halten Unterschiede, Gemeinsamkeiten und Auffälligkeiten fest. Sie vermuten Gründe für die Unterschiede und notieren diese.

Im **5. Arbeitsschritt** präsentieren einzelne Schüler ihre Arbeiten und erhalten wertschätzend Rückmeldung aus der Lerngruppe. Alle Schüler erhalten die Gelegenheit zum Korrigieren und Ergänzen ihrer eigenen Arbeiten.

Im **6. Arbeitsschritt** bearbeiten die Schüler M3. Sie gestalten ihren Bibeleinband auf der Vorder- und Rückseite.

Im **7. Arbeitsschritt** präsentieren die Schüler ihre Ergebnisse in einem Gallery-Walk.

Im **8. Arbeitsschritt** erhalten die Schüler die Gelegenheit, Fragen zu klären, Rückmeldung zu geben, zu korrigieren und zu ergänzen.

Notizen:

02 Verschiedene Bibeln entdecken

A1 Legt alle mitgebrachten Bibelausgaben auf einer Tischgruppe in der Mitte eures Klassenzimmers aus. Geht um die Tische herum und betrachtet die unterschiedlichen Bibeln.

A2 Vergleicht die Bibeln und tragt die Unterschiede in die Tabelle ein.

Bibel	Aussehen der Bibel	Bilder? Woran erinnern sie?	Ist der Inhalt vollständig? Sind nur Teile einer Bibelausgabe abgedruckt?
Einheits-übersetzung			
Gute Nachricht			
Volxbibel			
Kinderbibel			
Andere			

Texte der Bibel vergleichen

A1 Lest die Texte.

Einheitsübersetzung	Die Gute Nachricht	Die Volxbibel
Die Berufung der ersten Jünger Als Jesus am See von Galiläa entlangging, sah er Simon und Andreas, den Bruder des Simon, die auf dem See ihr Netz auswarfen; sie waren nämlich Fischer. Da sagte er zu ihnen: „Kommt her, mir nach! Ich werde euch zu Menschenfischern machen." Und sogleich ließen sie ihre Netze liegen und folgten ihm. Als er ein Stück weiterging, sah er Jakobus, den Sohn des Zebedäus, und seinen Bruder Johannes; sie waren im Boot und richteten ihre Netze her. Sogleich rief er sie, und sie ließen ihren Vater Zebedäus mit seinen Tagelöhnern im Boot zurück und folgten Jesus nach. *(Mk 1,16–20)*	**Jesus beruft vier Fischer zu Jüngern** Als Jesus am See von Galiläa entlangging, sah er Simon und seinen Bruder Andreas, wie sie gerade ihr Netz auswarfen; sie waren Fischer. Jesus sagte zu ihnen: „Kommt, folgt mir nach! Ich mache euch zu Menschenfischern." Sofort ließen sie ihre Netze liegen und folgten ihm. Als Jesus ein kleines Stück weiterging, sah er Jakobus, den Sohn von Zebedäus, und seinen Bruder Johannes. Sie saßen gerade im Boot und besserten ihre Netze aus. Jesus rief sie, und sie ließen ihren Vater Zebedäus mit den Gehilfen im Boot zurück und folgten ihm. *(Mk 1,16–20)*	**Jesus sagt: Es geht jetzt los** Am See Genezareth traf Jesus auf Simon und dessen Bruder Andreas. Sie waren von Beruf Fischer und gerade bei der Arbeit. Jesus meinte zu den beiden: „Hey ihr zwei! Kommt mit, ich will euch zeigen, wie man Menschen an die Angel kriegt." Die zwei ließen sofort alles stehen und liegen und gingen mit ihm mit. Gleich um die Ecke hingen die Söhne von Zebedäus, Jakobus und Johannes, im Boot, um die Netze zu flicken. Zu denen sagte Jesus auch nur: „Mitkommen!", und beide folgten ihm sofort. Sie ließen ihren Vater bei den Zeitarbeitern, die auch mit im Boot waren, zurück und gingen mit ihm. *(Mk 1,16–20)*

A2 Färbt die Textstellen, die sich sehr ähnlich sind, gelb ein oder unterstreicht sie.
Färbt die Textstellen, die sehr unterschiedlich sind, grün ein oder unterstreicht sie.

A3 Was fällt auf? Woran könnten die Unterschiede liegen?

Einen Bibeleinband gestalten

A1 Überlegt, was eine Bibel ausmacht. Woran erkennt man, dass ein Buch eine Bibel ist? Wie sieht ihr Einband aus? Welchen Inhalt hat sie? Macht euch Notizen.

A2 Entwerft den Einband einer Bibel nach eurer Vorstellung. Zeichnet auf die rechte Seite das Cover eures Buches. Schreibt auf der linken Seite einen Klappentext, der aussagt, was das Besondere/Einzigartige an eurer Bibelausgabe ist.
Ihr könnt auch den Buchrücken beschriften und verzieren.

A3 Schneidet euren Entwurf aus und stellt ihn aus.

LS 03 Begegnung mit Jesus

		Zeitrichtwert	Lernaktivitäten	Material	Kompetenzen
1	PL	10'	Ritual zu Beginn des RU. L gibt einen Überblick über den Ablauf der bevorstehenden Stunde.		– Umgang Jesu mit Ausgegrenzten erklären – Aussagen biblischer Texte auf eigenes Leben beziehen – erworbenes Wissen zu religiösen Themen verständlich erklären – biblische Zeugnisse methodisch angemessen erschließen – Aspekten von Bibeltexten kreativ Ausdruck verleihen – andere Meinungen überprüfen und zulassen – angemessen vortragen und präsentieren
2	EA	10'	S betrachten Zeichnung und Text nacheinander und bearbeiten die Aufgaben A1–3.	M1.A1–3	
3	PA	15'	S vergleichen ihre Zeichnungen und füllen die Sprechblasen aus.	M1.A4–5	
4	PA	15'	S lesen Texte, markieren nach Vorgabe und schreiben ein Gespräch zwischen Jesus und Zachäus.	M2.A1–2	
5	PA	5'	Einzelne Tandems präsentieren ihre Version des Gespräches als Szene und erhalten Rückmeldung.	M2.A3	
6	GA	15'	S lesen Bibeltext auf M3 weiter und bearbeiten M3.A1 nach Vorgabe.	M3.A1	
7	GA	10'	S besprechen die Wirkung der Begegnung und schreiben ihre Gedanken dazu um die Zachäusfigur.	M3.A2	
8	PL	5'	Einzelne S präsentieren die Gruppenergebnisse.	M3	
9	PL	5'	S klären im Plenum Fragen und geben und erhalten wertschätzend Rückmeldung.		

POZEK-Schlüssel für M3

Person:
Wer handelt, redet, geht, ... hier?

Ort:
Wo geschieht es?

Zeit:
Wann geschieht es?

Ereignis:
Was spielt sich eigentlich ab? (bezieht sich auf das Ganze)

Kern:
Was sagt mir der Text? Was ist mir wichtig? Was will ich weitererzählen?

Erläuterungen zur Lernspirale

Ziel der Doppelstunde ist es, ein Verständnis von biblischen Texten des Neuen Testaments bei Schülern zu entwickeln. Sie sollen nachvollziehen können, dass Begegnungen mit Jesus in seiner Zeit bei vielen Menschen Folgen hatten, die zur Veränderung ihres bisherigen Lebens führten. An einem konkreten Beispiel wird aufgezeigt, wie der Betroffene Jesus begegnet und wie er sein Leben durch die Begegnung mit Jesus in neue Bahnen lenken konnte. Die Schüler sollen nachvollziehen können, mit welchen Methoden Gefühle und Reaktionen der Beteiligten erschlossen und dargestellt werden können. Durch das konkrete Beispiel werden die Schüler ermutigt, Aussagen von Bibeltexten auf das eigene Leben zu beziehen.

Zum Ablauf im Einzelnen:
Im **1. Arbeitsschritt** erläutert der Lehrer das Vorgehen für die folgende Stunde.

Er verweist darauf, dass die Schüler im **2. Arbeitsschritt** die Zeichnung auf M1 betrachten und die Aufgaben nach Vorgabe bearbeiten. Anschließend bearbeiten die Schüler den Infotext.

Im **3. Arbeitsschritt** vergleichen die Schüler ihre Lösungen, begründen, klären, ergänzen und füllen die Sprechblasen aus.

Im **4. Arbeitsschritt** lesen die Schüler die Texte auf M2, markieren nach Vorgabe und schreiben ein mögliches Gespräch.

Im **5. Arbeitsschritt** präsentieren einzelne Tandems ihr Ergebnis als Gesprächsszene.

Im **6. Arbeitsschritt** lesen die Schüler den Bibeltext weiter und bearbeiten die Bibelstelle anhand des POZEK-Schlüssels in ihrem Heft.

Anschließend besprechen sie im **7. Arbeitsschritt** die Wirkung der Begegnung von M3 und schreiben ihre Gedanken dazu um die Zachäusfigur.

Im **8. Arbeitsschritt** präsentieren einzelne Gruppen ihr Ergebnis und erhalten im **9. Arbeitsschritt** die Möglichkeit, Fragen zu klären und wertschätzende Rückmeldung zu geben. Diese kann mit den Wortbrücken „Gut war…“ und „Tipp fürs nächste Mal…“ eingeleitet werden.

03 Begegnung mit Jesus

A1 Lies den Infotext. Unterstreiche Wörter, die du nicht verstehst, mit Bleistift. Färbe, was du für wichtig hältst, mit einem Farbstift oder Textmarker ein.

Info

Zur Zeit Jesu war Israel von den Römern besetzt. In der Stadt Jericho wurden Abgaben wie Bodensteuer, Wegegeld, Marktgebühren und Grenzzölle für die römische Besatzungsmacht eingezogen. Dafür gab es an den Stadttoren einen Zollstand mit einem Zollpächter. Auf einer Tafel stand in der Regel der Betrag, den der Zöllner von den Leuten nehmen durfte. Doch oft verlangten die Zöllner höhere Steuern, indem sie die Gewichte fälschten oder einfach mehr Geld einzogen. Die Menschen wussten, dass sie sich nirgends darüber beschweren konnten, da es den Römern nur wichtig war, zu ihrem Geld zu kommen. Deshalb waren Zöllner in der Regel reich, aber auch unbeliebt. Keiner wollte etwas mit ihnen zu tun haben.

A2 Betrachte die Zeichnung. Überlege, was die dargestellten Personen denken und zueinander sagen könnten.

A3 Was fühlen die einzelnen Menschen auf der Zeichnung in diesem Moment? Wähle Farben, die die Gefühle der Personen ausdrücken, und male sie an.

A4 Vergleicht eure Zeichnungen in Partnerarbeit. Begründet, weshalb ihr welche Farbe gewählt habt.

A5 Füllt die Sprechblasen der dargestellten Personen aus. Wie könnte ein Gespräch verlaufen? Wenn ihr mehr Sprechblasen oder Denkblasen benötigt, zeichnet welche dazu.

Jesus begegnen

A1 Lest den Text und markiert mit farbigem Stift, was wichtig für euch ist.

A2 Schreibt in die Zeilen, wie das Gespräch zwischen Jesus und Zachäus verlaufen könnte. Wie verhält sich Jesus gegenüber Zachäus?

Jesus wandert durch das Land und kommt nach Jericho. Er zieht durch die Stadt hindurch. Er ist bereits so bekannt, dass viele seinen Namen kennen, ihm entgegenströmen und mit ihm ziehen, weil sie seine Worte hören wollen und auf Heilung hoffen. Auch der Zöllner Zachäus hat schon von Jesus gehört. Er möchte Jesus sehen. Dazu lesen wir im Bibeltext:
Er kam nach Jericho und ging durch die Stadt. Da war ein Mann namens Zachäus; er war der oberste Zollpächter und ein reicher Mann. Dieser hielt nach Jesus Ausschau, um zu sehen, wer er sei, doch aufgrund der Menschenmenge konnte er nichts sehen, denn er war klein. Darum lief er voraus und kletterte auf einen Maulbeerfeigenbaum, um Jesus zu sehen, der dort vorbeikommen musste. Als Jesus an die Stelle kam, schaute er hinauf und sagte zu ihm:

Jesus: ______________________________

____

Zachäus: ______________________________

____

Jesus: ______________________________

____

Zachäus: ______________________________

____

Jesus: ______________________________

____

Zachäus: ______________________________

____

Jesus: ______________________________

Zachäus: ______________________________

A3 Spielt eure Version der Gesprächsszene im Plenum vor.

Und so geht es im Bibeltext weiter:

„Zachäus, komm schnell herunter! Denn ich will heute in deinem Haus Gast sein."
Da stieg er schnell herunter und nahm Jesus voll Freude bei sich auf.

Und alle, die das sahen, waren empört und sagten: „Er ist bei einem Sünder eingekehrt." Zachäus aber sagte zum Herrn: „Siehe, Herr, die Hälfte meines Vermögens werde ich den Armen geben, und habe ich von jemandem zu viel verlangt, werde ich ihm das Vierfache zurückgeben." Da sagte Jesus zu ihm: „Heute ist diesem Haus Heil geschenkt worden. Denn auch dieser Mann ist ein Sohn Abrahams. Der Menschensohn ist gekommen, um zu suchen und zu retten, was verloren ist."

(nach Lk 19,1–10)

Info

POZEK-Schlüssel

Person:
Wer handelt, redet, geht, ... hier?

Ort:
Wo geschieht es?

Zeit:
Wann geschieht es?

Ereignis:
Was spielt sich eigentlich ab? (bezieht sich auf das Ganze)

Kern:
Was sagt mir der Text? Was ist mir wichtig? Was will ich weitererzählen?

A1 Bearbeitet die ganze biblische Erzählung von der Begegnung des Zachäus mit Jesus nach dem POZEK-Schlüssel in eurem Heft.

A2 Die Begegnung mit Jesus hat bei Zachäus etwas bewirkt. Schreibt zu der Zeichnung des Zachäus unten, wie sein Leben jetzt weitergehen könnte.

Am nächsten Tag ...

LS 04 Bildhafte Sprache im Neuen Testament

		Zeitrichtwert	Lernaktivitäten	Material	Kompetenzen
1	PL	10'	Ritual zu Beginn des RU. L gibt einen Überblick über den Ablauf der bevorstehenden Stunde..		– religiöse Rituale und Ausdrucksformen verwenden – Formen bildhafter Sprache in der Bibel und Symbole erklären – biblische Sprache in ihrer Vielfalt erschließen – Wege zum Verständnis biblischer Sprache aufzeigen – biblische Zeugnisse methodisch angemessen erschließen – Bibelworten kreativ Ausdruck verleihen – andere Meinungen überprüfen und zulassen
2	EA	10'	S betrachten Zeichnungen und Bilder nacheinander und beschreiben die Eigenschaften der dargestellten Gegenstände.	M1	
3	PA	10'	S vergleichen ihre Antworten, klären und ergänzen ggf.	M1	
4	EA	10'	S lesen Ich-Worte und formulieren Fragen dazu. Sie überlegen, was Jesus damit ausdrücken will und finden eine Überschrift für das Arbeitsblatt.	M2.A1–2	
5	PA	10'	S vergleichen ihre Ergebnisse im Doppelkreis und klären Unverstandenes.	M2.A3	
6	EA	25'	S wählen ein Ich-Wort aus und gestalten es in einem Bild.	leere Blätter, M2.A4	
7	PL	10'	Alle Bilder werden in einem Museumsrundgang präsentiert.		
8	PL	5'	Lerngruppe erhält die Möglichkeit, Fragen zu klären, sowie wertschätzend Rückmeldung zu geben und zu erhalten.		

Tipp

Einen Museumsrundgang organisiert man am Besten, indem mehrere Schülertische in zwei Reihen zusammengeschoben werden. Darauf werden die Bilder nebeneinander ausgelegt, sodass die Schüler daran vorbeigehen und diese betrachten können. Zwei Reihen anzuordnen ist hilfreich, damit nicht zuviele Schüler an einem ausgestellten Lernprodukt zusammentreffen.

Erläuterungen zur Lernspirale

Ziel der Doppelstunde ist es, die Schüler für die Vielfalt biblischer Sprache zu sensibilisieren. Sie werden dazu angeleitet, sich mit Symbol- und Bildsprache auseinanderzusetzen und den Inhalt der Aussagen aufzuspüren. Durch Fragestellungen sollen sie die Auseinandersetzung mit den Ich-Worten des Johannesevangeliums vertiefen und Wege zum Verständnis biblischer Sprache kennenlernen und erproben. Indem die Schüler einem Bildwort kreativ Ausdruck verleihen, setzen sie sich auf einer weiteren Ebene damit auseinander und bringen ihr Verständnis davon ins Bild. Durch das gegenseitige Betrachten der Bilder eröffnen sich weitere Möglichkeiten und Blickwinkel.

Zum Ablauf im Einzelnen:

Im **1. Arbeitsschritt** erläutert der Lehrer das Vorgehen für die folgende Stunde.

Er verweist darauf, dass die Schüler im **2. Arbeitsschritt** die Zeichnungen und Bilder auf M1 betrachten und die Eigenschaften der dargestellten Gegenstände beschreiben.

Im **3. Arbeitsschritt** vergleichen die Schüler ihre Antworten, begründen, klären und ergänzen.

Im **4. Arbeitsschritt** lesen die Schüler die Ich-Worte auf M2, formulieren Fragen dazu, versuchen in eigenen Worten zu erklären, was Jesus damit über sich zum Ausdruck bringen will, und finden eine Überschrift für das Arbeitsblatt.

Im **5. Arbeitsschritt** vergleichen die Schüler ihre Ergebnisse, klären Fragen und ergänzen oder korrigieren ggf.

Im **6. Arbeitsschritt** wählen die Schüler ein Ich-Wort aus und gestalten es in einem Bild.

Im **7. Arbeitsschritt** präsentieren alle Schüler ihr Ergebnis in einem Museumsrundgang und erhalten im **8. Arbeitsschritt** die Möglichkeit, Fragen zu klären und wertschätzende Rückmeldung zu geben.

Notizen:

04 Bildhafte Sprache im Neuen Testament

Betrachtet die Bilder. Schreibt in die Zeilen, welche Eigenschaften die dargestellten Gegenstände haben.

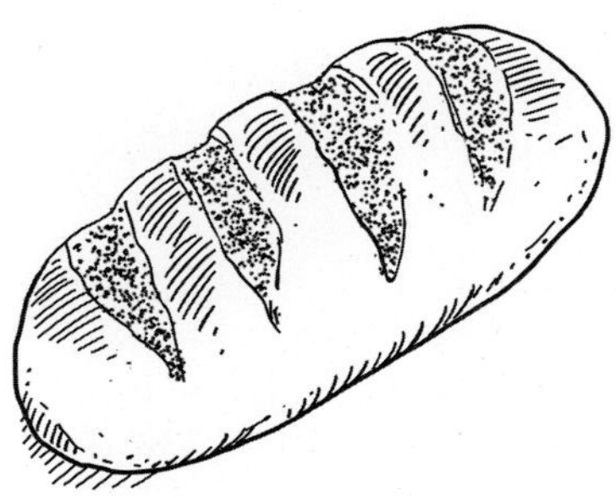

____

A1 Überlegt, was die Bildworte und Symbole bedeuten.
Formuliert in die leeren Zeilen Fragen zu jedem Bildwort wie z.B.:
„Wie kommt es, dass Tiere gehorchen, wenn ihr Besitzer ruft?"
„Woran liegt es, dass der Weinstock so wichtig für die Zweige und die Trauben ist?"

Jesus sagt …	
Ich bin das Brot des Lebens.	Frage: ____________ Jesus will damit sagen: ____________
Ich bin der Weinstock, ihr seid die Reben.	Frage: ____________ Jesus will damit sagen: ____________
Ich bin der Weg, die Wahrheit und das Leben.	Frage: ____________ Jesus will damit sagen: ____________
Ich bin der gute Hirte. Ich kenne die Meinen.	Frage: ____________ Jesus will damit sagen: ____________
Ich bin das Licht der Welt. Wer mir nachfolgt, wird das Licht des Lebens haben.	Frage: ____________ Jesus will damit sagen: ____________
Ich bin die Tür, wer durch mich geht, wird gerettet.	Frage: ____________ Jesus will damit sagen: ____________
Ich bin die Auferstehung und das Leben. Wer an mich glaubt, wird leben.	Frage: ____________ Jesus will damit sagen: ____________

A2 Überlegt euch eine Überschrift für diese Seite und tragt sie in die Zeile ein.

A3 Trefft euch im Doppelkreis und stellt euch gegenseitig eure Fragen vor.
Erklärt, was Jesus damit über sich sagen will.

A4 Wählt aus den Bildworten eines aus und stellt es in einem Bild dar.
Gebt eurem Bild einen Titel.

LS 05 Die Auferstehung Jesu

		Zeitrichtwert	Lernaktivitäten	Material	Kompetenzen
1	PL	10’	Ritual zu Beginn des RU. L gibt einen Überblick über den Ablauf der bevorstehenden Stunde.		– religiöse Rituale und Ausdrucksformen verwenden – Wirkung der Botschaft von der Auferweckung Jesu auf die Jünger bis heute kennenlernen – Gottes Wirken zum Heil der Menschen am Beispiel der Auferweckungserzählungen zeigen – Relevanz von Glaubenszeugnissen prüfen – erworbenes Wissen zu religiösen Themen verständlich erklären – andere Meinungen überprüfen und zulassen – zielgerichtet arbeiten und kooperieren – angemessen vortragen und präsentieren
2	EA	10’	S lesen Infotext zur Bedeutung der Auferstehungserzählung und bearbeiten dazugehörige Aufgaben.	M1.A1–3	
3	PA	5’	S tauschen sich im Doppelkreis aus, klären Fragen und ergänzen ggf.		
4	PA	20’	S lesen Textstellen auf M2 und einigen sich auf die wichtigsten Passagen.	M2.A1–2	
5	GA	20’	S versetzen sich in die Lage der Jünger und schreiben einen Zeitungsartikel zur Auferstehung Jesu. Sie nehmen dazu M2 zu Hilfe. S überlegen sich Gründe für die Aufnahme ihres Auferstehungsberichtes in die Bibel.	M3.A1–2, M2	
6	PL	15’	Einzelne S präsentieren die Gruppenergebnisse.		
7	PL	10’	Die Lerngruppe erhält die Möglichkeit, Fragen zu klären und wertschätzend Rückmeldung zu geben und zu erhalten.		

Erläuterungen zur Lernspirale

Ziel der Doppelstunde ist es, die Schüler nachvollziehen zu lassen, welche Ereignisse aus dem Leben Jesu und welche Glaubenszeugnisse der Jünger so wichtig waren, dass sie in die Bibel aufgenommen wurden. Die Schüler sollen begründen können, weshalb bestimmte Bibeltexte für Christen überall bedeutsam sind und deshalb in der Heiligen Schrift weitergegeben werden. Das Beispiel der Auferstehungserzählungen soll die Schüler auf die Bedeutsamkeit der Bibeltexte aufmerksam machen und ihnen die Chance eröffnen, aus dieser Erkenntnis heraus Glaubenszeugnisse der Jünger auf ihr eigenes Leben zu übertragen und wirksam zu machen.

Zum Ablauf im Einzelnen:
Im **1. Arbeitsschritt** erläutert der Lehrer das Vorgehen für die folgende Stunde.

Er verweist darauf, dass die Schüler im **2. Arbeitsschritt** den Infotext lesen und die Aufgaben dazu bearbeiten.

Im **3. Arbeitsschritt** tauschen sich die Schüler aus, klären Fragen und ergänzen ggf.

Im **4. Arbeitsschritt** lesen und vergleichen die Schüler die unterschiedlichen Evangelienstellen der vier Evangelisten. Sie nehmen Unterschiede, Gemeinsamkeiten und Auffälligkeiten wahr. Sie einigen sich auf die wichtigsten Aussagen der Texte.

Im **5. Arbeitsschritt** versetzen sich die Schüler in die Lage der Freunde Jesu und schreiben aus deren Sicht einen Zeitungsartikel unter Zuhilfenahme der Erkenntnisse und Fakten von M2.

Im **6. Arbeitsschritt** präsentieren einzelne Schüler ihre Gruppenergebnisse.

Im **7. Arbeitsschritt** erhalten die Schüler die Gelegenheit, Fragen zu klären, wertschätzend Rückmeldung zu geben, zu korrigieren und zu ergänzen. Wertschätzende Rückmeldung kann mit den Wortbrücken „Gut war…“ und „Tipp für das nächste Mal….“ eingeleitet werden.

Tipp
Bei der Bildung von Zufallsgruppen ist es ökonomisch, diese durch Abzählen zu gruppieren.

Notizen:

05 Die Auferstehung Jesu

A1 Lies den Infotext durch.

Info

Was die Auferstehung für die Jünger bedeutete

Nachdem Jesus kurz vor dem Pfingstfest in den Himmel zurückgekehrt war, begannen die Apostel, die Zeugen von Anfang an waren, die Taten und Worte Jesu zu verkünden. Das zentralste Ereignis des Lebens Jesu war seine Auferstehung. Darin zeigt sich, dass Jesus der Sohn Gottes, der Messias ist. Von diesem Geschehen her ist das Leben und Wirken Jesu zu sehen und zu bewerten.

Alle vier Evangelisten berichten vom Ereignis der Auferstehung, allerdings in unterschiedlichen Erzählungen. Die Gefühle und Empfindungen dieses überraschenden Vorganges erlebten die Jünger je in eigener Weise. Dies schlug sich in den Berichten über die Auferstehung nieder.

A2 Markiere mit Bleistift Worte, die du nicht verstehst, und mache an den Rand ein Fragezeichen.
Unterstreiche wichtige Wörter und Satzteile.

A3 Überlege: Weshalb war es den Jüngern so wichtig, von der Auferstehung Jesu weiterzuerzählen?

____

____

____

Nur Matthäus und Lukas berichten von der Geburt Jesu. Findet Gründe dafür, weshalb die Erzählung von der Auferstehung Jesu wichtiger war, als die seiner Geburt.

____

____

____

Die Evangelisten erzählen von der Auferstehung Jesu

A1 Lest die Erzählungen der Evangelisten durch.

Markus erzählt	Matthäus erzählt	Lukas erzählt	Johannes erzählt
Und als der Sabbat vorüber war, kauften Maria aus Magdala, Maria, die Mutter des Jakobus, und Salome wohlriechende Öle, um hinzugehen und Jesus zu salben. Sie gingen in das Grab hinein und sahen auf der rechten Seite einen Jüngling sitzen, der ein weißes Gewand trug; da erschraken sie sehr. Er aber sprach zu ihnen: „Fürchtet euch nicht! Ihr sucht Jesus von Nazaret, den Gekreuzigten. Er ist auferstanden; er ist nicht hier. Seht, da ist die Stätte, wo sie ihn hinlegten.“ *(nach Mk 16,1; 5–6)*	Nach dem Sabbat kamen am Morgen des ersten Tages der Woche Maria aus Magdala und die andere Maria, um nach dem Grab zu sehen. Plötzlich gab es ein großes Erdbeben; denn ein Engel des Herrn kam vom Himmel herunter, trat hinzu, wälzte den Stein beiseite und setzte sich darauf. Der Engel aber sprach zu den Frauen: „Fürchtet euch nicht! Ich weiß, ihr sucht Jesus, den Gekreuzigten. Er ist nicht hier; er ist auferstanden, wie er gesagt hat. Kommt her und seht euch die Stätte an, wo er lag.“ *(nach Mt 28,1–2; 5–6)*	Am ersten Tag der Woche gingen die Frauen mit den wohlriechenden Salben, die sie zubereitet hatten, sehr früh zum Grab. Da sahen sie, dass der Stein vom Grab weggewälzt war; sie gingen hinein, aber fanden den Leichnam Jesu, des Herrn, nicht. Sie waren darüber ratlos, als zwei Männer in leuchtenden Gewändern zu ihnen traten. Die Frauen erschraken und schauten zu Boden. Die Männer aber sprachen zu ihnen: „Was sucht ihr den Lebenden bei den Toten? Er ist nicht hier, er ist auferstanden.“ *(nach Lk 24,1–6a)*	Am ersten Tag der Woche kam Maria Magdalena früh, als es noch dunkel war, zum Grab und sah, dass der Stein vom Grab weggenommen war. Da lief sie schnell zu Simon Petrus und dem Jünger, den Jesus lieb hatte, und sagte zu ihnen: „Sie haben den Herrn aus dem Grab weggenommen, und wir wissen nicht, wohin sie ihn gelegt haben.“ Da gingen Petrus und der andere Jünger hinaus und kamen zum Grab. Da kam auch Simon Petrus, der ihm gefolgt war, und ging in das Grab hinein. Er sah die Leinentücher dort liegen und das Schweißtuch, das auf dem Kopf Jesu gelegen hatte; Da ging auch der andere Jünger, der als Erster an das Grab gekommen war, hinein: Er sah und glaubte. *(nach Joh 20,1–2; 6–7a; 8)*

A2 Streicht alle Wörter und Passagen durch, die ihr für überflüssig haltet. Einigt euch auf die wichtigsten Aussagen der Texte.

Einen Zeitungsartikel zur Auferstehung Jesu schreiben

A1 Versetzt euch in die Lage der Jünger, die Jesus als den Auferstandenen erlebt haben. Schreibt aus dieser Sicht einen Zeitungsartikel.

Jerusalemer Neue Post

A2 Überlegt euch Argumente, die dafür sprechen, diesen Artikel in die Bibel aufzunehmen.

LS 06 Der Auftrag Jesu

		Zeitrichtwert	Lernaktivitäten	Material	Kompetenzen
1	PL	10’	Ritual zu Beginn des RU. L gibt einen Überblick über den Ablauf der bevorstehenden Stunde.		– religiöse Rituale und Ausdrucksformen verwenden – Wirkung des Auftrages Jesu auf die Christen bis heute kennenlernen – biblische Texte auf eigenes Leben beziehen – Relevanz von Glaubenszeugnissen prüfen – fachspezifische Methoden anwenden – erworbenes Wissen zu religiösen Themen verständlich erklären – andere Meinungen überprüfen und zulassen – zielgerichtet arbeiten und kooperieren – angemessen vortragen und präsentieren
2	GA	20’	S lesen Gespräch in verteilten Rollen und markieren den Text nach Vorgabe.	M1.A1	
3	PL	15’	S tragen ihre Version des Gespräches vor.	M1.A2	
4	EA	10’	S lesen Textstellen auf M2, einigen sich auf die wichtigsten Passagen und markieren nach Vorgabe.	M2.A1	
5	GA	20’	S äußern ihre Gedanken in einem Schreibgespräch, ordnen diese danach und notieren die wichtigsten Ergebnisse in ihr Religionsheft.	M2.A2–5, DIN-A3-Blätter	
6	PL	10’	Einzelne S präsentieren die Gruppenergebnisse.	M2.A6	
7	PL	5’	Die Lerngruppe erhält die Möglichkeit, Fragen zu klären und wertschätzend Rückmeldung zu geben und zu erhalten.		

Erläuterungen zur Lernspirale

Ziel der Doppelstunde ist es, den Schülern verständlich zu machen, dass der Auftrag Jesu an seinen Freundeskreis Konsequenzen bis heute hat. Die Schüler sollen nachvollziehen können, dass das Handeln der Kirche Begründung und Legitimation im Auftrag Jesu erhält und dass biblische Texte auch heute Bedeutung haben können. Sie sollen begründen können, weshalb bestimmte Handlungsweisen, wie z. B. die Taufe, für die Weitergabe des Christentums und für das Leben als Christen bedeutsam sind. Die Schüler sollen die Möglichkeit erhalten, Elemente und Handlungen, die in den chistlichen Gottesdiensten verortet sind, zu erkennen und auf ihr eigenes Leben zu beziehen.

Zum Ablauf im Einzelnen:
Im **1. Arbeitsschritt** erläutert der Lehrer das Vorgehen für die folgende Stunde.

Er verweist darauf, dass die Schüler im **2. Arbeitsschritt** das Gespräch lesen und die dazugehörigen Aufgaben nach Vorgabe bearbeiten.

Im **3. Arbeitsschritt** tragen die Schüler ihre Version der Szene im Plenum vor.

Im **4. Arbeitsschritt** lesen die Schüler die verschiedenen Bibeltextstellen und markieren nach Vorgabe.

Im **5. Arbeitsschritt** äußern die Schüler ihre Gedanken aus Sicht der Jünger zum Thema in einem Schreibgespräch, ordnen danach die einzelnen Gedanken und bringen sie in Zusammenhang mit der Thematik. Anschließend überlegen die Schüler, welche dieser Aufgaben auch heute von Christen übernommen werden und schreiben diese im Heft auf.

Im **6. Arbeitsschritt** präsentieren einzelne Schüler ihre Gruppenergebnisse.

Im **7. Arbeitsschritt** erhalten die Schüler die Gelegenheit, Fragen zu klären, wertschätzend Rückmeldung zu geben, zu korrigieren und zu ergänzen. Wertschätzende Rückmeldung kann mit den Wortbrücken „Gut war…“ und „Tipp fürs nächste Mal….“ eingeleitet werden.

Tipp
Für ein einfaches Schreibgespräch ist es nützlich, DIN-A3-Blätter in ausreichender Menge mitzubringen.

Notizen:

06 Der Auftrag Jesu

A1 Lest den Dialog zwischen Simon Petrus und Johannes in verteilten Rollen. Vergesst die Rolle des Erzählers nicht. Achtet auf die wichtigen Aussagen. Unterstreicht sie und betont sie beim Vortragen besonders gut.

Erzähler: Simon Petrus und Johannes treffen sich und sprechen über die Auferstehung Jesu.

Simon Petrus: Ich kann es nicht fassen, Jesus lebt tatsächlich! Eigentlich war es ja schon klar, dass er lebt, als wir nur noch die Leinentücher im Grab fanden und der Engel sagte, dass er auferstanden ist.

Johannes: Ja schon, aber das glaubt uns doch keiner. Wir wissen, dass Jesus der Sohn Gottes ist, der Messias. Aber, wenn wir den anderen Leuten erzählen, dass er tot war und nun wieder lebt – die halten uns für verrückt!

Simon Petrus: Ich bin gespannt darauf, was Jesus zu mir sagt, wenn ich ihm begegne. Wie soll es jetzt weitergehen?

Johannes: Ich weiß es auch nicht. Jesus wird uns den Weg zeigen und uns sagen, was wir in Zukunft machen sollen. Außerdem sollten wir aufschreiben, was wir mit Jesus erlebt haben und was er uns gesagt hat.

Simon Petrus: Das sollten wir in jedem Fall machen oder ein paar von unseren Anhängern, die schreiben können. Es wäre schade, wenn wir etwas vergessen würden, aber, wenn ich es recht überlege, ich glaube, ich werde keinen Augenblick vergessen können. Alles, was wir mit Jesus erlebt haben, war einfach wunderbar. Und das Beste ist, dass er wieder lebt.

Johannes: Stimmt, obwohl es uns ganz schön erschreckt hat am Anfang, bis wir es glauben konnten. Aber das mit dem Aufschreiben ist wichtig – alle sollen erfahren, was Jesus Gutes getan hat und dass wir den Messias unter uns erleben durften!

Erzähler: Einige Tage später erscheint Jesus dem Simon Petrus am See nach dem Fischen und sagt zu ihm: „Folge mir nach".

A2 Tragt das Gespräch der ganzen Lerngruppe vor.

Der Auftrag Jesu

A1 Lies die Bibeltexte, die berichten, wie die Jünger weitermachen sollen.
Markiere den Auftrag Jesu an die Jünger.

Dann sprach er zu ihnen: „Geht hin in die ganze Welt, und predigt das Evangelium allen Geschöpfen!“
(nach Mk 16,15)

Die elf Jünger gingen nach Galiläa auf den Berg, den Jesus ihnen genannt hatte. Als sie ihn sahen, fielen sie vor ihm nieder. Einige aber zweifelten. Da trat er zu ihnen und sagte: „Mir ist alle Gewalt im Himmel und auf der Erde gegeben. Darum geht hin zu allen Völkern und macht die Menschen zu meinen Jüngern; tauft sie auf den Namen des Vaters und des Sohnes und des Heiligen Geistes. Lehrt sie, sich an alles zu halten, was ich euch aufgetragen habe. Seid gewiss: Ich bin bei euch alle Tage bis an das Ende der Welt.“
(nach Mt 28,16–20)

Er sprach zu ihnen: „So steht es geschrieben: Christus wird leiden und am dritten Tag von den Toten auferstehen, und in seinem Namen wird man allen Völkern, angefangen in Jerusalem, verkünden, sie sollen umkehren, damit ihre Sünden vergeben werden. Ihr seid Zeugen dafür. Und ich sende, was mein Vater verheißen hat, zu euch herab. Bleibt in der Stadt, bis ihr mit der Kraft aus der Höhe erfüllt werdet.“ Dann führte er sie hinaus bis nach Betanien. Dort erhob er seine Hände und segnete sie.
(nach Lk 24,46–50)

Dieser Jünger ist es, der alles bezeugt und aufgeschrieben hat; und wir wissen, dass sein Zeugnis wahr ist. Es gibt aber noch viele andere Dinge, die Jesus getan hat.
(nach Joh 21,24–25)

A2 Bildet Gruppen. Stellt euch vor, ihr seid Jünger.
Schreibt in einem Schreibgespräch auf, was für die Jünger wichtig war.
Dazu erhaltet ihr ein DIN-A3-Blatt, das ihr im Kreis herumgehen lasst.
Jede Person eurer Gruppe schreibt Kommentare und Gedanken zum Thema darauf.

A3 Ordnet die Gedanken und Kommentare. Streicht heraus, was doppelt genannt wurde.

A4 Notiert die Punkte, die übriggeblieben sind, in euer Heft.
Findet eine Überschrift für den Eintrag.

A5 Überlegt, welche dieser Aufgaben Christen heute noch ausführen.
Schreibt auch diese im Heft auf.

A6 Präsentiert eure Ergebnisse im Plenum.

LS 07 Das Leben der Urgemeinde

		Zeitrichtwert	Lernaktivitäten	Material	Kompetenzen
1	PL	10'	Ritual zu Beginn des RU. L gibt einen Überblick über den Ablauf der bevorstehenden Stunde.		– religiöse Rituale und Ausdrucksformen verwenden – Formen bildhafter Sprache und Symbole in der Bibel erklären – biblische Sprache in ihrer Vielfalt erschließen – Wege zum Verständnis biblischer Sprache aufzeigen – biblische Zeugnisse methodisch angemessen erschließen – Bibelworten kreativ Ausdruck verleihen – andere Meinungen überprüfen und zulassen
2	EA	10'	S bearbeiten die ersten drei Aufgaben des Arbeitsblattes nach Vorgabe.	M1.A1–3	
3	PA	10'	S vergleichen ihre Antworten im Doppelkreis, klären und ergänzen ggf.	M1	
4	PA	5'	S überlegen und sammeln, wofür kein Platz in der Klasse sein soll.	M1.A4	
5	PL	5'	Einzelne Ergebnisse zusammentragen und präsentieren.	M1	
6	GA	15'	S lesen die Szene M2 und bearbeiten die dazugehörigen Aufgaben.	M2.A1–3	
7	PL	5'	Einzelne Zufallsgruppen präsentieren ihre Version der Szene.	M2.A4	
8	EA	10'	S lesen und bearbeiten dazugehörige Aufgaben.	M3.A1–3	
9	PA	10'	S klären Fragen und überlegen sich fünf Quizfragen. S schreiben diese in die Zeilen.	M3.A4	
10	PL	10'	S spielen Quiz in der Lerngruppe.	M3.A5	

Lösung
Die fünf Merkmale für das Leben in der Urgemeinde in Jerusalem:
Lehre der Apostel/Verkündigung, Gemeinschaft und Teilen erleben, Gebet, Brotbrechen/Mahlgemeinschaft und Wundertaten der Apostel.
(Apg 2,43–47)

Erläuterungen zur Lernspirale

Ziel der Doppelstunde ist es, die Schüler für die Berichte der Apostelgeschichte zu öffnen und sie für das Leben der Jerusalemer Urgemeinde zu sensibilisieren. Ausgehend von der Überlegung zu Regeln und Aspekten zu geligendem Zusammenleben, wird der Fokus auf das Leben der Jerusalemer Urgemeinde gelenkt, die im Anschluss an die Evangelien in der Apostelgeschichte beschrieben wird. Die Schüler sollen aus dieser Beschreibung Merkmale und Elemente herausarbeiten und auf heutige Christengemeinden/Kirchengemeinden übertragen.
Durch die Quizfragen wird Fachwissen aufgebaut und die Merkmale der Jerusalemer Christengemeinde werden vertieft.

Zum Ablauf im Einzelnen:
Im **1. Arbeitsschritt** erläutert der Lehrer das Vorgehen für die folgende Stunde.

Er verweist darauf, dass die Schüler im **2. Arbeitsschritt** die Aufgaben nach Vorgabe bearbeiten.

Im **3. Arbeitsschritt** vergleichen die Schüler ihre Antworten, begründen, klären und ergänzen.

Im **4. Arbeitsschritt** überlegen die Schüler, wofür kein Platz in ihrer Klassengemeinschaft sein sollte.

Im **5. Arbeitsschritt** werden einzelne Ergebnisse zusammengetragen und präsentiert.

Im **6. Arbeitsschritt** lesen die Schüler in Gruppen die Gesprächsszene M2 und bearbeiten die dazugehörigen Aufgaben nach Vorgabe.

Im **7. Arbeitsschritt** präsentieren einzelne Gruppen ihre Version.

Im **8. Arbeitsschritt** lesen die Schüler den Bibeltext auf M3 und bearbeiten die Aufgabenstellungen dazu.

Im **9. Arbeitsschritt** werden Fragen geklärt und fünf Quizfragen aufgeschrieben, die dann im **10. Arbeitsschritt** in der Lerngruppe als Quiz gespielt werden können.

Notizen:

07 Das Leben der Urgemeinde

A1 In der Familie, in der Klasse, in unserer Stadt und in unserer Kirchengemeinde erleben wir, dass wir nicht alleine sind. Schreibe Vorteile auf, die das Leben in einer Gemeinschaft hat.

____

____

____

A2 Eine Gemeinschaft braucht Regeln für ein gutes Miteinander. Schreibe in die Zeilen, was zum Leben in der Schulgemeinschaft hilfreich ist.

____

____

____

A3 Auch für das Leben in deiner Familie ist es notwendig, dass Grundregeln eingehalten werden. Notiere Verhaltensweisen, die für ein gutes Familienleben sorgen.

____

____

____

A4 Wofür soll kein Platz sein in eurer Klassengemeinschaft?
(Zum Beispiel „Kein Platz für Neid“)

Kein Platz für ______________________________

Kein Platz für ______________________________

Kein Platz für ______________________________

Kein Platz für ______________________________

A1 Lest das Erlebnis des Silas in verteilten Rollen.

Erzähler: Silas, ein Töpfer aus Jerusalem, hat erlebt, dass sich am Pfingstfest nach der Predigt des Simon Petrus viele Menschen taufen ließen und jetzt in christlicher Gemeinschaft zusammenleben. Er interessiert sich für den neuen Weg und die Christen und will an einem Treffen im Hause des Jona teilnehmen. Heute, am Sonntag, dem wöchentlichen Feiertag der Christen, hat er die Gelegenheit dazu.

Jona: Sei gegrüßt Silas, kommst du heute zu unserer Gemeinschaft?

Silas: Ja, ich habe von eurer Gemeinschaft, die nach der Lehre dieses Jesus von Nazareth lebt, gehört. Ich bin neugierig geworden, weil ich von den Wundertaten der Apostel gehört habe und von eurer Sorge füreinander.

Jona: Komm und sieh selbst. Wir teilen alles unter uns gerecht auf. Wer viel hat, verkauft etwas und teilt mit denen, die arm sind. Wir sorgen füreinander.

Silas: Das ist ja wunderbar. Aber heute bin ich gekommen, um an eurer Zusammenkunft teilzunehmen und von der Lehre dieses Jesus zu hören.

Jona: Tritt ein und hör zu. Vielleicht öffnet sich dein Herz für die Worte der Apostel, die alles von Jesus weitererzählen. Sie lehren die Gläubigen das, was er gesagt hat.

Erzähler: Die beiden betreten den Raum, in dem sich schon viele Menschen versammelt haben. Silas erkennt Simon Petrus, Jakobus, Andreas, Johannes und Thomas. Auch Frauen, die Jesus nachgefolgt sind, sind da. Susanna, Hanna, Mirjam und andere sitzen bereits auf ihren Plätzen. Da erhebt Jakobus das Wort.

Jakobus: Schwestern und Brüder, wie gut, dass wir uns heute wieder treffen, um miteinander zu beten und Gott zu loben. Alles, was Jesus uns gesagt hat, entspricht der Wahrheit. Auch diese Woche konnten wir einem Kranken durch die Kraft Gottes helfen. Wisst ihr noch, wie Jesus den Blinden geheilt hat oder die Aussätzigen? Lasst uns Gutes tun in unserer Gemeinde, so wie Jesus es uns vorgelebt hat. Wir wollen nicht habgierig oder neidisch sein, sondern miteinander teilen. Lasst uns freundlich miteinander umgehen und allen Menschen von Jesus erzählen.

Erzähler: So sprach Jakobus und alle im Haus hörten ihm zu. Die Apostel fügten immer wieder etwas hinzu, dann brachen sie das Brot, sprachen miteinander Dankgebete und reichten Wein herum. Silas fühlte sich in dieser Gemeinschaft wohl. Es tat ihm gut, die Worte dieses Jesus zu hören und mit den anderen Brot und Wein zu teilen. Alle beteten und sangen miteinander. Bevor sie in ihre Häuser zurückgingen, besprachen sie noch, bei wem sie sich in den nächsten Tagen treffen werden. Silas wollte dabei sein.

A2 Unterstreicht die Merkmale der Jerusalemer Urgemeinde. Woran konnte man die christliche Gemeinschaft damals erkennen?

A3 Findet eine Überschrift für das Arbeitsblatt und übertragt sie in die Überschriftszeile.

A4 Spielt die Szene im Plenum vor.

Das Leben der jungen Christengemeinde

A1 Lies den Text aus der Apostelgeschichte genau durch.

Furcht kam über alle; denn durch die Apostel geschahen viele Wunder und Zeichen. Und alle, die gläubig geworden waren, bildeten eine Gemeinschaft und hatten alle Dinge gemeinsam. Sie verkauften Güter und Habe und verteilten davon jedem so viel, wie er brauchte. Tag für Tag waren sie einmütig im Tempel, brachen in ihren Häusern das Brot und hielten miteinander Mahlzeiten mit Freude und lauterem Herzen. Sie lobten Gott und waren beim ganzen Volk beliebt. Und der Herr fügte täglich ihrer Gemeinschaft die hinzu, die gerettet werden sollten.

(nach Apg 2,43–47)

A2 Markiere mit Bleistift alle Wörter, die du nicht verstehst, und mache an den Rand ein Fragezeichen.
Unterstreiche alle Merkmale, die eine christliche Gemeinde in Jerusalem am Anfang des Christentums hatte, und notiere am Rand ein Stichwort dazu.

A3 Welche dieser Merkmale finden sich heute auch in Christengemeinden?

____

____

A4 Überlegt euch fünf Quizfragen zu den Merkmalen der Jerusalemer Urgemeinde.

1. ______________________________

2. ______________________________

3. ______________________________

4. ______________________________

5. ______________________________

A5 Stellt die Fragen euren Mitschülern.

LS 08 Die Briefe des Paulus

		Zeitrichtwert	Lernaktivitäten	Material	Kompetenzen
1	PL	10'	Ritual zu Beginn des RU. L gibt einen Überblick über den Ablauf der bevorstehenden Stunde.		– biblische Sprache in ihrer Vielfalt erschließen – biblische Zeugnisse methodisch angemessen erschließen – biblische Texte mit aktuellen Situationen in Beziehung setzen – Umgang mit Medien entwickeln – zielführend zusammenarbeiten – andere Meinungen überprüfen und zulassen
2	PA	10'	S lesen den Text und erledigen die Aufgaben nach Vorgabe.	M1.A1–3, Bibeln	
3	PA	20'	S lesen die Texte und bearbeiten die dazugehörigen Aufgaben.	M2.A1–4	
4	PL	5'	S präsentieren Ergebnisse des vorigen Arbeitsschrittes.	M2	
5	GA	20'	S erarbeiten eine Videobotschaft.	M3	
6	PL	15'	Einzelne Zufallsgruppen präsentieren ihre Version der Videobotschaft.	M3	
7	PL	10'	S geben und erhalten wertschätzend Rückmeldung.	M3	

Tipp
Für den Vortrag in einer Videobotschaft ist es interessant, wenn in der Schule das Equipment für die Aufnahme einer Videobotschaft benutzt werden kann, um die Wirkung einer solchen Botschaft zu erleben. Dazu sollte mehr Zeit eingerechnet werden.
Es wäre schön, wenn die Videobotschaft, der Brief oder die Rede tatsächlich in einem Schul- oder Klassengottesdienst vorgetragen würde.

Erläuterungen zur Lernspirale

Ziel der Doppelstunde ist es, den Blick der Schüler für die Inhalte der Bibel zu erweitern und ihnen bewusst zu machen, dass die Briefe des Apostels Paulus eine der ersten schriftlichen Zeugnisse zur Botschaft Jesu sind. Die Schüler sollen für die Anfänge der Geschichte des Christentums sensibilisiert werden, indem sie sich mit einem Beispiel der ältesten schriftlichen Zeugnisse auseinandersetzen und sich darin vertiefen. Der ausgewählte Textausschnitt wird den Schülern möglicherweise in Gottesdiensten zu familiären Anlässen begegnen und in anderen Zusammenhängen neu vertieft werden. Durch die Aktualisierung der Inhalte erhält die Botschaft des Paulus für die Gegenwart Gewicht und schafft Lebensbezug.

Zum Ablauf im Einzelnen:
Im **1. Arbeitsschritt** erläutert der Lehrer das Vorgehen für die folgende Stunde.

Er verweist darauf, dass im **2. Arbeitsschritt** die Texte gelesen und nach Vorgabe bearbeitet werden sollen.

Im **3. Arbeitsschritt** vertiefen sich die Schüler in einen weiteren Infotext und den ausgewählten Text des 1. Kor 13 und erledigen dazu Aufgaben.

Im **4. Arbeitsschritt** werden einzelne Ergebnisse zusammengetragen und im Plenum präsentiert.

Im **5. Arbeitsschritt** erarbeiten die Schüler in Zufallsgruppen mithilfe des erworbenen Vorwissens eine Videobotschaft, die auch in einem Schulgottesdienst vorgetragen werden kann. Falls dafür nicht das nötige Equipment vorhanden ist, kann auch ein Brief oder eine Rede geschrieben werden.

Im **6. Arbeitsschritt** präsentieren einzelne Gruppen ihre Version.

Im **7. Arbeitsschritt** geben und erhalten die einzelnen Gruppen wertschätzende Rückmeldung zu ihrer Präsentation.

Notizen:

08 Die Briefe des Paulus

A1 Lest euch gegenseitig den Text im Wechsel vor.

Info

Die Briefe des Paulus aus Tarsus im Neuen Testament

Fast die Hälfte der Briefe, die uns im Neuen Testament überliefert sind, werden dem Apostel Paulus zugeschrieben. Theologen sind sich einig, dass auf jeden Fall der 1. Brief an die Thessalonicher, beide Briefe an die Korinther, der Brief an die Galater, an die Römer, an die Philipper und an Philemon von Paulus geschrieben sind. Wahrscheinlich sind es noch mehr Briefe, die von ihm stammen. Er war ein eifriger Schreiber. Wenn er eine Stadt nicht regelmäßig besuchen und die Botschaft Jesu selber verkünden konnte, sandte er Briefe.

In der Apostelgeschichte steht, dass Paulus aus Tarsus in Kilikien stammte, Jude war und zunächst in Jerusalem bei Rabbi Gamaliel eine Ausbildung zum Schriftgelehrten erhielt, bevor er in einem ganz besonderen Erlebnis vor Damaskus erkannte, dass Jesus der Sohn Gottes ist.
Forschungsergebnisse besagen, dass Paulus wahrscheinlich um das Jahr 33 n. Chr. Christ wurde. Von Anfang an war es ihm ein Anliegen, das, was er von Jesus erfahren hatte, an andere Menschen weiterzugeben.

Deshalb begab sich Paulus auf die Wanderschaft in viele bekannte Städte der damaligen Zeit, wie zum Beispiel nach Ephesus oder nach Korinth. Auf seinen Reisen erlebte er Vielerlei und musste auch Strapazen wie z.B. Kälte, Hitze, Verfolgung und Ablehnung ertragen. Trotzdem ließ er nicht nach, die Botschaft Jesu zu verkünden, entweder durch Reden auf den Marktplätzen und in den Synagogen oder durch seine Briefe, die dann in den jeweiligen Gemeinden vorgelesen wurden. Im Jahr 48 n. Chr besuchte er das Apostelkonzil in Jerusalem, um danach wieder aufzubrechen, neue Christengemeinschaften zu gründen und die Menschen von Jesus zu begeistern. Irgendwann zwischen 56 und 58 n. Chr. wurde Paulus bei einem seiner Aufenthalte in Jerusalem gefangengenommen, später nach Rom gebracht und dort zwischen 60 und 64 n. Chr. umgebracht.

A2 Schlagt in der Bibel im Neuen Testament nach und sucht im Inhaltsverzeichnis die Briefe, die im Infotext genannt sind.

A3 Einigt euch auf wichtige Textstellen und unterstreicht diese.
Macht euch Notizen.

A1 Lies mit einem Lernpartner den Infotext und den Text aus dem Korintherbrief im Wechsel.

Info

Der Brief an die Korinther

Paulus kam auf seinen Reisen auch nach Korinth, einer antiken Hafenstadt in Griechenland. Dort gelang es ihm, Menschen für Jesus zu begeistern und eine Christengemeinde zu gründen. Doch nach seiner Abreise hatte die junge Christengemeinde mit unterschiedlichen Schwierigkeiten zu kämpfen: zum Beispiel mit Streit und Spaltungen innerhalb der Gemeinschaft, mit Unordnung im Gottesdienst, weil einige glaubten, alles sei erlaubt. Außerdem kamen Fragen zum Leben als Mann und Frau auf. Paulus nahm die Probleme und Fragen der Christengemeinschaft ernst und versuchte im Brief an die Korinther den Wert der Liebe im Zusammenleben der Menschen zu erklären. Ohne die Liebe können, so die Ansicht des Paulus, die besten Fähigkeiten der Menschen nicht heilsam und gut zum Aufbau einer Christengemeinschaft wirken. Dies erläuterte er im ersten Korintherbrief.

Die Liebe ist langmütig und freundlich,
sie ereifert sich nicht, sie prahlt nicht und bläht sich nicht auf.
Sie verhält sich nicht ungehörig, sucht nicht ihren Vorteil,
lässt sich nicht zum Zorn reizen, trägt das Böse nicht nach.
Sie freut sich nicht über die Ungerechtigkeit, sondern freut sich an der Wahrheit.
Sie erträgt alles, sie glaubt alles, sie hofft alles, sie hält allem stand.
Die Liebe hört niemals auf.
Nun bleiben Glaube, Hoffnung, Liebe, diese drei;
aber die Liebe ist die größte unter ihnen.

(nach 1 Kor 13,4–8,13)

A2 Findet eine passende Überschrift für diesen Bibeltext aus dem Korintherbrief und schreibt diese in die Überschriftszeile.

A3 Legt eine Tabelle an. Schreibt aus dem Bibeltext heraus, was Liebe tut, bzw. nicht tut.

Was die Liebe tut	Was die Liebe nicht tut
Die Liebe ist freundlich.	Die Liebe ereifert sich nicht.

A4 Wie können wir im Alltag handeln, wenn wir uns an 1 Kor 13,4–8,13 orientieren? Wählt dazu drei Aussagen aus, die benennen, was die Liebe nicht tut, und formuliere sie als Möglichkeit zum Verhalten anderen gegenüber.

Beispiel: *„Die Liebe freut sich nicht über das Unrecht: Ich freue mich, wenn es gerecht und ehrlich zugeht."*

Eine Videobotschaft verfassen

Heute würde der Apostel Paulus wahrscheinlich in einer Videobotschaft zu den Gemeinden sprechen, wenn er nicht persönlich da sein könnte.
Schreibt so eine Videobotschaft für eure Schulgemeinschaft auf, die dann im Schulgottesdienst vorgetragen werden kann.
Was würde Paulus zu den Schülern eurer Schule sagen?

LS 09 Lebensbezug biblischer Botschaft

		Zeitrichtwert	Lernaktivitäten	Material	Kompetenzen
1	PL	10'	Ritual zu Beginn des RU. L gibt einen Überblick über den Ablauf der bevorstehenden Stunde.		– religiöse Rituale und Ausdrucksformen verwenden – biblische Botschaft in heutige Lebenswirklichkeit übertragen – aus biblischen Textstellen Perspektiven für gelingendes Zusammenleben entwickeln – biblische Zeugnisse methodisch angemessen erschließen – verantwortungsvollen Umgang mit Medien entwickeln
2	GA	15'	Gruppen erhalten je eine Bibelbotschaft (M1), lesen diese und bearbeiten die dazugehörigen Aufgaben (M2.A1–2).	M1, M2.A1–2	
3	PL	10'	S stellen ihre Gruppen-Bibelstelle vor und nennen die wichtigsten Arbeitsergebnisse.		
4	EA	15'	S wählen eine Botschaft von M1 aus und denken über deren mögliche Bedeutung nach.	M1, M2.A3–4	
5	PA	5'	S tauschen sich über Ergebnisse im Doppelkreis aus, benennen Möglichkeiten und klären Fragen.		
6	EA	15'	S wählen geeignetes Medium aus, begründen ihre Auswahl und schreiben eine entsprechende Botschaft auf.	M3.A1–2	
7	PL	10'	Einzelne S präsentieren ihre Ergebnisse, nennen das geeignete Medium, nennen die Begründung der Auswahl und lesen ihre Botschaft vor.	M3	
8	PL	10'	S geben und erhalten wertschätzend Rückmeldung.	M3	

Erläuterungen zur Lernspirale

Ziel der Doppelstunde ist es, den Schülern zentrale Sätze der Botschaft Jesu zum Verhalten anderen gegenüber vorzustellen und dadurch eine positive Grundhaltung zu entwickeln. Die Schüler sollen erkennen, dass Texte des Neuen Testaments auch heute Bedeutung haben können und im Bezug stehen zu ihrem persönlichen Leben. Sie beschäftigen sich mit Aussagen Jesu zum Verhalten der Menschen zueinander, wählen wichtige Teile aus und überlegen, welche Medien dafür geeignet sind, diese Botschaft für das Zusammenleben mit Mitmenschen zum Tragen zu bringen. Die Schüler werden angeregt, die Auswirkung von Botschaften über unterschiedliche Medien zu reflektieren, auf das eigene Leben zu beziehen und verantwortungsvoll damit umzugehen.

Zum Ablauf im Einzelnen:
Im **1. Arbeitsschritt** erläutert der Lehrer das Vorgehen für die folgende Stunde.

Er verweist darauf, dass im **2. Arbeitsschritt** in der jeweiligen Gruppe je eine Aussage Jesu gelesen und nach Vorgabe bearbeitet werden soll.

Im **3. Arbeitsschritt** präsentieren ausgewählte Schüler die jeweilige Bibelstelle der Gruppenkarte und nennen die wichtigsten Textstellen, die von den Gruppenmitgliedern bestimmt wurden.

Im **4. Arbeitsschritt** erhalten alle Schüler M1, wählen eine Botschaft aus und bearbeiten die dazugehörigen Aufgaben.

Im **5. Arbeitsschritt** werden einzelne Ergebnisse ausgetauscht und ggf. Fragen geklärt.

Im **6. Arbeitsschritt** wählen die Schüler individuell ein geeignetes Medium zur Weiterleitung der Botschaft aus, begründen ihre Wahl und schreiben ihre Botschaft unter Einbeziehung der gewählten biblischen Aussage.

Im **7. Arbeitsschritt** präsentieren einzelne Schüler ihr Arbeitsergebnis. Das Nennen einer entsprechenden Person oder Personengruppe ist dabei freiwillig.

Im **8. Arbeitsschritt** geben und erhalten die einzelnen Schüler wertschätzende Rückmeldung zu ihrer Präsentation.

Tipp
Alle biblischen Aussagen auf M1 auf Folie kopieren und über den OHP bei Arbeitsschritt 4 allen zugänglich machen.

Eine wirkungsvolle Alternative für den 7. Arbeitsschritt ist es, eine Botschaft der Schüler auszuwählen, die geeignet ist, an die Schulgemeinschaft gerichtet zu werden. Die Schüler überlegen, über welche Medien diese Botschaft an ihrer Schule/bzw. Klassenstufe weitergegeben werden könnte z.B. Schülerzeitung, Smartphones, Mails... Interessant ist auch, die Wirkung danach bewusst aufzunehmen und zu reflektieren.

Notizen:

09 Lebensbezug biblischer Botschaft

Liebt eure Feinde und tut denen Gutes, die euch hassen.
Wer dich bittet, dem gib.
Und was ihr von anderen erwartet, das tut auch ihnen.
(nach Lk 6,27b; 30a; 31)

Wenn ihr nur die liebt, die euch lieben, welchen Dank erwartet ihr dafür? Vielmehr sollt ihr eure Feinde lieben und sollt Gutes tun und leihen, ohne etwas dafür zu erhoffen.
(nach Lk 32a; 35a; 36)

Ich aber sage euch: Liebt eure Feinde und betet für die, die euch verfolgen.
Denn wenn ihr nur die liebt, die euch lieben, welchen Lohn könnt ihr dafür erwarten? Wenn ihr nur zu euren Brüdern freundlich seid, was tut ihr damit Besonderes?
(nach Mt 5,44; 46a; 47a)

Einer trage des anderen Last; so werdet ihr das Gesetz Christi erfüllen. Wer sich einbildet, etwas zu sein, obwohl er doch nichts ist, der betrügt sich selbst. Jeder prüfe sein eigenes Tun. Dann wird er sich nur mit Blick auf sich selbst rühmen können, nicht aber im Vergleich mit anderen.
(nach Gal 6,2–4)

Ertragt euch gegenseitig und vergebt einander, wenn einer dem anderen etwas vorzuwerfen hat. Wie der Herr euch vergeben hat, so vergebt auch ihr. Vor allem aber liebt einander, denn die Liebe ist das Band, das alles zusammenhält und vollkommen macht.
(nach Kol 3,13–14)

Du sollst den Herrn, deinen Gott, lieben mit ganzem Herzen und ganzer Seele, mit all deiner Kraft und all deinen Gedanken, und: Deinen Nächsten sollst du lieben wie dich selbst.
(nach Lk 10,27)

Biblische Botschaften auf das eigene Leben beziehen

A1 Lest euren Bibeltext. Unterstreicht unbekannte Wörter eures Gruppentextes und macht an den Rand ein Fragezeichen.
Unterstreicht wichtige Satzteile und macht an den Rand ein Ausrufezeichen.

A2 Stellt eure Aussage im Plenum vor. Klärt Fragen.

A3 Wähle eine der vorgestellten Botschaften, die dich angesprochen hat, aus. Denke darüber nach, was diese Botschaft für dein persönliches Leben bedeutet. Fülle die Tabelle aus.

Mit diesen Personen komme ich gut zurecht. (Nenne Namen von Personen oder Personengruppen.)	**Diese Personen interessieren mich nicht.** (Nenne Namen von Personen oder Personengruppen.)	**Mit diesen Personen will ich nichts zu tun haben.** (Nenne Namen von Personen oder Personengruppen.)

A4 Wie kannst du die ausgewählte biblische Botschaft in dein Verhalten einbeziehen? Was kannst du konkret tun?

So könnte es mir gelingen, auf die Personen zuzugehen, die mich bis jetzt nicht interessieren. Das könnte ich tun oder sagen:

____

____

So könnte es mir gelingen, auf die Menschen zuzugehen, die ich bis jetzt ablehne.
Das könnte ich tun oder sagen:

____

____

So pflege ich mein Verhältnis zu Personen, die ich gern habe:

____

____

Botschaften verschicken

A1 Um den Menschen, denen du bisher distanziert gegenüber standest, näherzukommen, mit ihnen Kontakt aufzunehmen und nach biblischer Botschaft zu handeln, kannst du unterschiedliche Medien wählen.

Kreuze die entsprechenden Medien, die aus deiner Sicht sehr gut dafür geeignet sind, an. Begründe, weshalb dieses Medium für dich besonders geeignet ist.

☐ 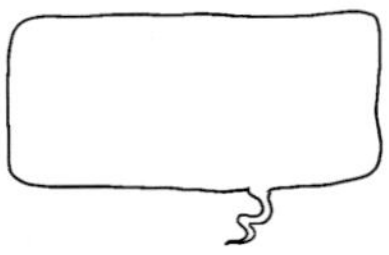

____

____

☐ 

____

____

☐ 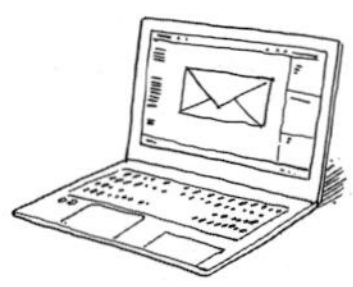

____

____

☐ 

____

____

☐ 

____

____

☐ 

____

____

A2 Schreibe eine entsprechende Nachricht für das Medium auf, das dir geeignet erscheint. Was möchtest du der gewählten Person mitteilen? Was könnte hilfreich sein? Welche Botschaft könnte eine gute Wirkung zeigen, sodass sich deine Beziehung zu dieser Person verbessert oder gut bleibt?

____

____

____

____

____

Lerneinheit 1: Altes Testament

LS.01.M3 **S. 9**

A3

ab 1800 v. Chr.	Mündliche Überlieferung der Geschichte des Volkes Israel
ab 1000 v. Chr.	Geschichten, Lieder, Gebete und Psalmen werden auf Papyrus und Pergament aufgeschrieben
ab 500 v. Chr.	Jüdische Gelehrte ordnen die Aufzeichnungen → Altes Testament
ab dem Jahr 0	Mündliche und schriftliche Überlieferung der Erlebnisse mit Jesus
ab 70 n. Chr.	Evangelien und Apostelgeschichte werden aufgeschrieben. Etwas später sammeln und ordnen Gelehrte die Schriften → Neues Testament

LS.03.M3 **S. 16**

A2

Schritt 1: Inhaltsverzeichnis der Bibel aufschlagen
Schritt 2: Gewünschtes Buch auswählen
Schritt 3: Gewünschtes Kapitel suchen
Schritt 4: Gewünschten Vers suchen

LS.04.M2 **S. 21**

A3

Der Text ist ein Lob auf Gott und seine Schöpfung.
→ Textart: Schöpfungslob; Hymnus (vgl. Hymne)

LS.05.M1 **S. 24**

A3

In allen drei Texten wird von den Erfahrungen von Menschen mit Gott berichtet. Gott gibt den Menschen einen Auftrag, den diese, im Vertrauen auf Gott, erfüllen.

LS.05.M2 **S. 25**

A1

Abraham: Gott spricht zu Abraham; Später erscheint Gott in der Gestalt von drei fremden Wanderern
Der Pharao/Josef: Gott erscheint dem Pharao im Traum, den Josef deutet
Der junge Samuel: Gott ruft Samuel im Schlaf
Salomo: Gott erscheint im Traum

LS.05.M3 **S. 26**

A1

Der Satz sagt aus, dass wir Gottes Liebe erfahren können, indem wir bewusst in uns selbst hineinhorchen, innehalten und die Stille auf uns wirken lassen. Gott findet sich in jedem Menschen wieder, auch in uns selbst. Diese Erfahrung schenkt uns Lebensqualität.

LS.06.M2 **S. 29**

A3

Ps 4: Gerechter Gott, der tröstet, beschützt, Frieden und Freude schenkt. Man kann ihm vertrauen.
Ps 16: Lob auf Gott, der als mächtiger Berater und Beschützer beschrieben wird
Ps 62: Guter, gnädiger Gott, der Fels ist, Hilfe, Hoffnung, Schutz, Freude und Zuversicht bietet
Ps 84: Gott als Haus, Quelle, Kraft, Sonne, Schild, der Gnade und Ehre gibt

LS.07.M1 **S. 32**

A4

Große Propheten: Jesaja, Jeremia, Ezechiel
Kleine Proheten: Hosea, Joel, Amos, Obadja, Jona, Micha, Nahum, Habakuk, Zefanja, Haggai, Sacharja, Maleachi;
Später hinzugefügt: Klagelieder, Daniel

LS.07.M2 **S. 33**

Prophet	Gott zeigt sich...	Auftrag
Ezechiel	Gott spricht zu ihm. Gottes Geist erfüllt Ezechiel.	Er soll die abtrünnigen Israeliten zur Umkehr zu Gott auffordern.
Jeremia	Gott spricht, streckt seine Hand aus und legt seine Worte in Jeremias Mund.	Er soll predigen, was Gott ihm aufträgt.
Jesaja	Gottes Gesicht erscheint. Jesaja hat eine Vision. Gott nannte ihn schon vor seiner Geburt beim Namen.	Er soll das Land aufrichten und das verwüstete Erbe zuteilen.

Lerneinheit 2: Neues Testament

LS.01.M2 **S. 46**

A4

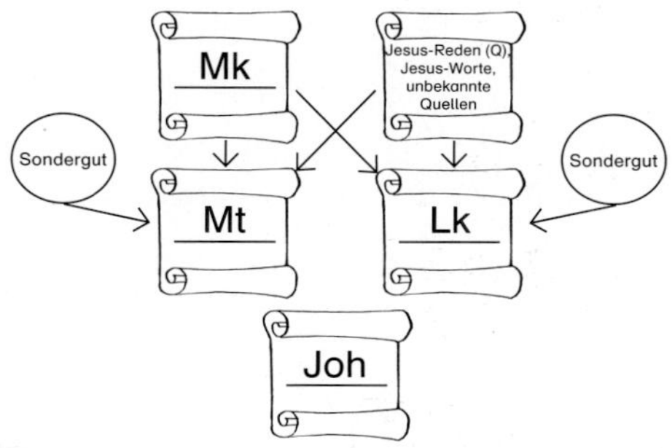

LS.01.M3 **S. 47**

A1

Stufe 1 (30 n. Chr.): Mündliche Überlieferung der Erfahrungen mit Jesus; erste kleine Christengemeinden entstehen
Stufe 2 (50 n. Chr.): Urgemeinden entstehen; Paulus schreibt Briefe über Jesus an Gemeinden
Stufe 3 (70–100 n.Chr.): Schriftliche Sammlungen von Jesus-Worten entstehen, aus denen Evangelist Markus einen zusammenhängenden Text (Evangelium) verfasst. Später entstehen auch die anderen Evangelien.
Stufe 4 (bis heute): Alle vier Evangelien wurden in der Bibel, wie wir sie heute kennen, aufgenommen.

LS.03.M3 **S. 55**

A1

Person: Zachäus und Jesus
Ort: Jericho
Zeit: Zeit Jesu
Ereignis: Jesus wird Gast im Haus des Zachäus
Kern: Begegnung mit Jesu verändert Zachäus. Er kann sein Leben dadurch in bessere Bahnen lenken.

LS.05.M1 **S. 60**

A3

Die Auferstehung ist das zentrale Ereignis des christlichen Glaubens. Sie ist der Beweis dafür, dass durch den Glauben an Gott der Tod überwunden werden kann.

Arbeitsteilige Gruppenarbeit: Die Klasse wird in mehrere Gruppen mit unterschiedlichen Arbeitsaufträgen und/oder Materialien aufgeteilt. Das arbeitsteilige Vorgehen kann themengleich oder themendifferenziert angesetzt werden.

Doppelkreis (auch Kugellager): Die Schüler sitzen oder stehen sich in einem Innen- und Außenkreis paarweise gegenüber und halten sich wechselseitig Vorträge, führen Interviews etc. Die Hälfte der Klasse ist also mündlich aktiv.

Einzelarbeit (EA): Die Schüler sind bei der Bearbeitung des jeweiligen Arbeitsauftrags auf sich alleine gestellt und gehen in Stillarbeit daran, bestimmte Aufgaben zu lösen.

Feedback: Die Schüler geben Mitschülern oder auch Lehrern Rückmeldungen zu bestimmten Arbeitsphasen bzw. Arbeitsweisen. Das Feedback folgt bestimmten Regeln und sollte auf jeden Fall fair und ermutigend sein.

Gruppenarbeit (GA): Die Schüler arbeiten in Kleingruppen mit in der Regel 3 bis 5 Mitgliedern zusammen. Die Gruppenarbeit kann aufgabengleich oder aufgabendifferenziert angelegt sein.

Kooperative Präsentation: Zum Abschluss einer Gruppenarbeit präsentieren zwei oder mehr Schüler das jeweilige Gruppenergebnis. Die Präsentatoren können ausgelost werden. Die Präsentation muss so vorbereitet werden, dass die betreffenden Sprecher in etwa gleichgewichtig zu Wort kommen.

Museumsrundgang: Die Schüler sichten alleine oder in Gruppen die im Klassenraum aushängenden bzw. ausliegenden Lernprodukte, holen Informationen ein und besprechen etwaige Unklarheiten.

Partnerarbeit (PA): Die Schüler arbeiten paarweise zusammen und berichten, helfen und unterstützen sich gegenseitig.

Plenum (PL): Arbeitsphasen, in denen die Gesamtgruppe der Schüler angesprochen wird – durch Lehrervorträge, lehrergelenkte Unterrichtsgespräche oder Schülerpräsentationen.

Spickzettel: DIN-A7-Kärtchen, auf dem sich ein Schüler das Wichtigste zu einem bestimmten Thema stichwortartig notiert. Die Zahl der Wörter kann z.B. auf 10 begrenzt werden; Skizzen, Symbole und andere grafische Elemente können hinzukommen. Der Spickzettel sollte gut strukturiert sein und dient z.B. als Lernhilfe oder als Gedächtnisstütze bei Präsentationen.

Zufallsgruppe/Zufallstandem: Gruppen- bzw. Tandembildung mittels Abzählen, Spielkarten, Puzzlebildung, Namenskärtchen oder anderen Formen des Losverfahrens.

Zufallsprinzip: Grundsatz, dass bei der Gruppenbildung oder bei der Auswahl von Präsentatoren auf den Zufall gesetzt und ausgelost wird.

Weitere Begrifflichkeiten finden Sie im Internet unter www.klippert-medien.de/glossar.